LE GRAND JEU

DE

LA VIE

W0279392

Chaque fois que j'entre en relation avec quelqu'un,
Je me vois comme le plus humble de tous,
Et, du plus profond de mon coeur,
Considère les autres comme supérieurs.

Geshe Langri Thangpa

2002 - Jean PELISSIER
Tous droits réservés pour tous pays
Toute reproduction même partielle, interdite
Membre de l'Association des Auteurs Auto-Edités
ISBN : 2- 9509070-2-4

Jean PELISSIER

LE GRAND JEU DE LA VIE

Chez Jean PELISSIER
Auto-éditeur
182, Bd du Redon, 13009 MARSEILLE

-2002-

à toi...

PROLOGUE

Il habite une maison pavillonaire dans la banlieue parisienne. Il a 16 ans mais ne les paraît pas. Sa curiosité est sans limite. De jour comme de nuit, il dévore toute sorte de livres, des bandes dessinées aux ouvrages techniques les plus avancés, surtout pour son âge. En fait, il se crée un monde imaginaire qui l'aide à franchir les frontières de sa banlieue. Il emmagasine des données, des images à la manière d'un ordinateur prêt ensuite, le moment voulu, à dispenser son savoir.

Enfant, il était curieux de tout, à l'affût de toutes les nouveautés. Son cerveau était en ébullition permanente. Il était évident qu'il enregistrait tout sans en perdre une miette. Pourtant il n'a parlé que très tard. Et puis, du jour au lendemain, ce fut un déferlement de paroles. Plus rien ne pouvait l'arrêter. rien ne pouvait endiguer le flot de ses questions.

A l'aise en classe, ses centres d'intérêt sont multiples et variés, mais toujours avec une tendance individualiste. Il n'aime pas les jeux collectifs, il déteste toute violence et évite les rapports de force. Pendant les récréations, Il est souvent seul, passant son temps à viser un trou avec des pierres.

On pense de lui qu'il s'ennuie et qu'il est solitaire. En réalité il vit dans un monde d'images mentales et ne cesse de méditer sur les choses de la vie.

Chez lui, il aime travailler sur sa collection de timbres. Depuis longtemps, l'Asie l'attire irrésistiblement. Il est imbattable sur l'historique des timbres chinois. Il se repasse en permanence des films asiatiques de kung fu ou autres qui le font rêver à d'hypothétiques voyages. Il voue un vrai culte à Alexandra David Neil et Marco Polo et il connaît par coeur les livres qui relatent leurs aventures. Tout cela laisse supposer que la vie le mènera inévitablement hors de cette banlieue.

Un été, ses parents décidèrent de l'envoyer en Angleterre pour parfaire ses connaissances en anglais. Pour lui, c'était surtout un voyage de conquête d'un nouveau monde. Il avait l'impression de pouvoir réaliser l'un de ses rêves.

Il prit l'Eurostar. La traversée du tunnel sous la Manche le laissa pensif. Il pensa aux grands aventuriers, découvreurs de nouvelles contrées, plusieurs siècles en arrière, alors que la voiture et l'électricité n'existaient pas. Auraient-ils pu imaginer, dans leurs rêves les plus fous, traverser ce bras de mer à "pied sec" et si rapidement.? Quant à lui, il regretta de ne pas avoir le temps de se concentrer sur les nouveaux paysages qui défilaient à toute vitesse sous ses yeux.

Sa famille d'accueil vint le prendre en voiture à la gare. Quelle étrange sensation que d'être conduit sur la voie de gauche ! Lui qui n'avait jamais eu peur en voiture, craignait à tout instant une collision frontale. Mais c'est sans encombre qu'Ils arrivèrent chez eux : une maison pavillonaire de la banlieue de Londres!.... Il se dit que toutes les grandes villes engendraient le même type de mode de vie et que les pavillons d'une banlieue parisienne ou londonienne se ressemblaient étrangement. Il ne se sentit pas dépaysé, même si bien des choses lui rappelaient qu'il n'était pas chez lui : les taxis londoniens roulant à contre sens, les policemen coiffés de drôles de casques, les bus rouges à plusieurs niveaux, le rouge des cabines téléphoniques, les gazons parfaitement tondus....et bientôt les bouteilles de lait le matin devant les portes.

Sa nuit fut agitée, peuplée d'images inspirées de ses sensations nouvelles. Au petit déjeuner, il fit plus ample connaissance avec sa famille d'accueil, cordiale sans plus, relativement libérale. On lui donna toutes les indications nécessaires pour découvrir Londres par le fameux "underground" dont parlaient ses livres d'anglais.

Prologue

Il décida d'aller à l'aventure et de se laisser porter par le hasard. Mais croyait-il vraiment au hasard? Quand il refit surface, il se trouvait en plein "chinatown", le célèbre quartier chinois. Son coeur se mit à battre un peu plus fort. C'était sa première escapade hors de France, et il était plongé d'emblée dans le décor de ses rêves, et ce, à trois heures de Paris. Il marcha, marcha encore, scrutant les devantures des épiceries, des échoppes aux étals si divers, des plantes médicinales aux objets les plus hétéroclites. Dans ce quartier, la sensation de dépaysement était totale.

Cela faisait des heures qu'il déambulait sans but sans jamais s'arrêter vraiment, lorsqu'une vitrine l'attira irrésistiblement. Il jeta un coup d'oeil à l'intérieur. Il découvrit un alignement d'étagères couvertes d'objets des plus étranges. Il s'agissait certainement d'un magasin d'antiquités. Vu le bric à brac et la poussière accumulée, le ménage n'avait pas été fait depuis fort longtemps. Il eut l'impression qu'une main invisible le poussait à entrer dans ce lieu étrange. Il franchit donc le seuil, un peu contre son gré. Une ombre affairée se dessinait par transparence sur un paravent aux croisillons obturés de papier huileux. Il avança sans faire de bruit.

Il commença à fureter, à toucher ces objets insolites : des boules qui sonnaient quand on les entrechoquait, des cloisonnés de toutes formes, des rouleaux d'idéogrammes, des porte-pinceaux, des rampes de petites cloches, des bâtonnets d'encre de chine, des bouddhas souvent très laids.

Au fond du magasin, Il dénicha toutes une série de boites de jeux. Il en ouvrit une. Elle contenait un échiquier, des pions blancs et noirs, certainement un jeu de go, les échecs chinois. Il avait toujours rêvé d'y être initié. Les autres jeux lui étaient inconnus. A l'extrémité de l'étagère, il remarqua une boite qui l'intriguait beaucoup. La couche de poussière pouvait laisser supposer qu'elle n'avait pas été touchée depuis fort longtemps. D'un revers de main, il l'épousseta et découvrit une inscription à peine lisible. A la place des idéogrammes attendus, il déchiffra un titre en français : "*Le grand jeu de la vie*". Cela le laissa perplexe. Quel hasard étrange? Il tourna la boîte dans tous les sens sans en trouver l'ouverture, pas la moindre serrure, aucune charnière. Et pourtant, en la remuant, il était évident qu'elle contenait des objets. "*Le grand jeu de la vie*": Quel drôle de titre ! Pourquoi ne pouvait-il ouvrir cette boite ? Cela faisait-il partie du jeu ?

Perdu dans ces réflexions, il n'avait pas vu s'approcher l'ombre fantomatique qu'il avait aperçue en entrant dans l'échoppe. Quand il se retourna, la boite faillit lui échapper. Il faisait face à un personnage comme sorti d'une de ses rêveries de Chine. Mince et élancé, il portait des vêtements traditionnels avec une veste bleu satinée, un pantalon noir ample et brillant. Il avait des yeux malicieux, les rides du sourire intérieur, et ce quelque chose qui fait que l'on a la certitude de se trouver devant un personnage hors du commun. Pour parachever l'image, il portait un bouc fin et très long qui descendait jusqu'à la poitrine, comme ceux qu'arboraient les lettrés des temps anciens. Il ne sut lui donner un âge : 60, 70, 80 ans peut-être. Quoiqu'il en soit, sa seule présence suffisait à remplir tout l'espace environnant.

"Tu as l'air très intrigué par cette boite" dit-il de cette voix aiguë propre aux orientaux, dans un français tinté d'accent sino-anglais si drôle à l'oreille. Comment pouvait-il savoir qu'il était français ? Il n'avait pas encore ouvert la bouche. Il ne put qu'acquiescer en espérant intérieurement qu'il allait lui en dire plus. Il avait lu que lorsque l'on s'adresse à un érudit, à un maître, on doit soigneusement choisir ses questions. Celui-ci se met alors juste à votre portée et répond ni plus, ni moins. Le rayonnement que dégageait le personnage ne laissait en effet aucun doute sur son état de Maître.

"Oui, monsieur, ce jeu m'intrigue. Il porte un nom étrange et surtout j'ai beau le tourner dans tous les sens, je n'arrive pas à découvrir le moyen de l'ouvrir".

L'homme prit alors la boite dans ses mains; d'un revers de manche, il finit d'enlever la poussière. Sentant que ma curiosité était à son comble, un sourire malicieux aux lèvres, il entreprit de l'ouvrir.

Elle était composée de lamelles juxtaposées et semblait faite d'une seule pièce. Il le vit faire glisser vers le bas une des lamelles de ses doigts fins et agiles. Une cache apparut, dans laquelle se trouvait une toute petite clé. Il descendit une autre lamelle en bois située sur l'autre face de la boite qui cachait, elle, une petite serrure. Très astucieux ! Mais pourquoi autant de précautions alors qu'il eut été si simple de mettre une serrure classique?.

Devançant ces questions, l'homme prit la parole.

"Je m'appelle Maître Liu et je suis heureux de te présenter ce jeu très ancien, qui existe depuis et pour la nuit des temps. Personne ne sait vraiment qui l'a inventé, et d'ailleurs cela n'a pas beaucoup d'importance. Le tout est de savoir qu'il existe, qu'il est là. Ce jeu a la propriété d'allier tous les contraires. Il est à la fois très facile et horriblement compliqué. Il peut te faire perdre ou gagner, t'élever ou te rabaisser, te rendre heureux ou malheureux, te faire rire ou pleurer, t'embellir ou te rendre laid. Le tout est d'en suivre les règles qui permettent de mettre toutes les chances de réussite de ton côté. Une fois que tu maîtriseras ce jeu, tu seras maître de ta destinée, au-dessus de tous les antagonismes, de tous les opposés.

Maintenant que tu m'as vu ouvrir cette boite, plus jamais, elle ne te semblera inviolable. Tu seras à ton tour capable de dévoiler le "secret" à d'autres, à condition qu'ils en fassent la demande et qu'ils soient capables d'en saisir toute l'importance".

Ensuite Maître Liu se mit à le questionner sur les raisons de sa présence à Londres, sur ses origines, sur ses ambitions. Pendant cette conversation, une servante, comme surgie de nulle part, vint plusieurs fois leur servir du thé ou plutôt une sorte de tisane transparente, vert pâle, au goût très subtil, aux antipodes du thé anglais, noir et excitant au point de l'empêcher de dormir. Spontanément, il imita le Maître; il prit délicatement la tasse entre ses mains à plat, s'inclina légèrement vers lui et porta ensuite le breuvage à sa bouche en le dégustant par petites gorgées.

Maître Liu lui expliqua que boire le thé était une cérémonie, un moment de retour sur soi, de méditation. A chacune de leurs futures rencontres, il eut l'occasion d'en mesurer et d'en apprécier l'intensité.

La conversation se poursuivit et il se sentit peu à peu, plus libre, en confiance. Il redoutait le moment où Maître Liu lui donnerait congé. Mais au contraire, il lui proposa de l'initier au jeu et suggéra qu'il vienne prendre le thé chaque jour à cinq heures. Il ressentit alors une joie sans borne et son coeur se mit à battre plus vite. Il accepta sans hésiter la proposition, d'autant que le bref coup d'oeil qu'il avait eu le temps de jeter à l'intérieur de la boite avant que Maître Liu ne la refermât prestement, avait éveillé sa curiosité au plus haut point. Il avait aperçu des cartes aux couleurs vives couvertes d'idéogrammes et d'images insolites : falaises, câbles, balanciers, perches... Quel sens pouvait bien avoir tout cela ?

Sur le chemin du retour, il ne cessa de penser à tous ces événements. Cet être existait-il vraiment ou était-il l'objet de son imagination ? Que penser de cette boite mystérieuse, de cet endroit si particulier ? Tout se bousculait dans sa tête. Il faillit manquer sa sortie de métro. Au dîner, il se contenta de dire des banalités sur les visites de la journée, en omettant bien évidemment "la rencontre". Il avait l'impression qu'il perdrait son temps et que sa famille d'accueil ne pourrait pas le comprendre.

PREMIER JOUR

LE GRAND CYCLE

"Il n'existe pas de solutions parfaites pour les choses. Lorsque les citadins vont se promener à la campagne, ils voudraient qu'il fasse beau.... tandis que les fermiers voudraient de la pluie pour leur récolte."

"Nous devons penser aux conséquences de nos actes. Parfois l'eau d'un puits peut être bienvenue.... il est facile d'y entrer, mais impossible d'en sortir."

"L'homme intelligent tire les leçons de ses propres erreurs ; le plus intelligent, de celles des autres."

"Souvent, l'origine du malheur est en nous. En effet une personne est souvent son pire ennemi."

"La plupart des gens s'accrochent au passé ou songent au futur en oubliant le présent. Seuls ceux qui se contentent de ce qu'ils ont vivent pleinement."

"La vie n'est-elle pas ainsi? Nous sommes nus à la naissance et nous partons sans rien. Seules les bonnes actions, au profit de l'humanité, seront louées après notre mort. Vous ne pouvez pas emporter la réputation ou la fortune tant recherchées tout au long de la vie."

Le lendemain, il fut pris en charge par des enseignants. Il fallait bien qu'il justifiât l'argent dépensé par ses parents pour lui permettre de progresser en anglais. Cela dit, il se sentait très motivé. Il savait que s'il voulait voyager plus tard, la maîtrise de cette langue lui serait d'une grande utilité.

En début d'après midi, il se mit à regarder sa montre tous les quarts d'heure. Il avait peur d'être en retard et le temps lui paraissait terriblement long. Il se retrouva enfin devant le magasin à cinq heures précises. Il fut très étonné de voir une petite pancarte sur la porte. "Closed". Fermé... Maître Liu s'était peut-être ravisé et voulait garder pour lui le secret du "Grand Jeu de la Vie"? La silhouette du Maître apparut soudain dans l'embrasure de la porte. Il en ressentit un énorme soulagement. Plus tard, il comprit que Maître Liu fermait le magasin pour se consacrer entièrement à lui.

Il entra donc et le suivit jusque dans l'arrière boutique. La pièce était assez grande, bien éclairée. Il y régnait l'odeur si particulière laissée par la fumée des bâtonnets d'armoise, qu'il découvrit par la suite. De magnifiques meubles laqués noirs et incrustés de pierres tendres multicolores ornaient l'endroit. Au centre, trônait ce qui ressemblait à une table de massage. Juste à côté, sur un petit meuble, était posé un plateau couvert d'ustensiles surprenants : des aiguilles très fines, d'acupuncture vraisemblablement, des ventouses en bambou, de drôles de cigares dans des étouffoirs en chrome, des flacons de poudres médicinales.

Maître Liu était en réalité un médecin traditionnel, comme on pouvait en trouver de nombreux dans ce quartier. Son échoppe ne lui servait que de couverture. Il comprit enfin la poussière sur les bibelots et le peu d'empressement à vendre en boutique. Au fond de son coeur, il en fut soulagé. L'image qu'il se faisait d'un Maître, à tort peut-être, ne cadrait pas avec celui d'un marchand.

Maître Liu l'invita à s'asseoir sur une chaise très confortable en face de lui. La servante s'empressa de leur servir une première tasse de thé. C'était une petite tasse en porcelaine blanche avec cette fois-ci un thé plus jaune que celui de la veille. Au bout d'un long moment de silence qu'il commençait à trouver pesant, Maître Liu prit la parole. Il parlait d'une voix calme et posée. Son timbre particulier faisait pénétrer chaque mot au plus profond de l'être.

"Je pense que, comme tout adolescent de ton âge, tu as déjà dû te poser des questions essentielles du genre : Que fais-je sur cette terre? Pourquoi suis-je né? Quel est le sens de

ma vie? de LA VIE? Pourquoi des enfants innocents meurent-il? Pourquoi la douleur, la souffrance, la maladie? Pourquoi la mort? et bien d'autres questions encore auxquelles, depuis la nuit des temps les philosophes tentent de répondre. Bien entendu, je n'ai pas la prétention de me substituer à ces grands lettrés qui ont déjà tant disserté sur ces thèmes fondamentaux. Tout a déjà été dit. De plus, je crois que chacun d'entre nous découvre LA réponse à la fin de sa vie, au moment du "passage".

Le jeu peut cependant nous aider à mieux comprendre. Il s'agit d'un mélange de tous les jeux que tu puisses connaître : puzzle, jeu de l'oie, monopoly, jeu d'énigmes, échec, tarot, etc. Aujourd'hui, je souhaite te parler du plateau et des cartes. Je reviendrai sur ses règles plus tard".

Maître Liu déploya un plateau en bois fin. Il découvrit alors un décor aux couleurs pleines, non pas vives mais intenses. Il distingua, sur un fond bleu ciel, deux falaises séparées par un précipice dont on ne pouvait apercevoir le fond. Certaines parties du plateau semblaient manquées ou plutôt à compléter. Il reprit.

"Ce plateau représente le grand cycle de la vie. Le temps que chacun passe sur cette terre n'est qu'une infime partie de la VRAIE VIE qui comprend tout ce qu'il y a avant la naissance, le moment de la naissance, la vie terrestre elle-

même, le moment de la mort, du passage et ce qui existe après la mort.

Certaines religions ne considèrent qu'une phase ou l'autre de la VRAIE VIE. D'autres la décrivent comme une succession de plusieurs petites vies, un peu à la manière d'un collier, où chaque boule représenterait une vie terrestre, et le fil qui les relie serait LA VIE. Quelles que soient ces différences d'interprétation, toutes les religions défendent l'idée d'une continuité de la vie après la mort

Tout dans cette vie terrestre n'est fait que de cycles. Le cycle du mouvement des galaxies entre elles, le cycle du mouvement des sept planètes dans notre propre galaxie, du mouvement de notre propre planète par rapport au soleil qui crée le cycle du jour et de la nuit, le cycle de la révolution de la lune autour de la terre qui génère la formation du cycle des saisons. Chaque entité, vivante ou inerte, possède son propre cycle, jusqu'au plus petit grain de sable constitué d'atomes qui s'agglomèrent et se désagrègent pour retourner vers le néant.

Les physiologistes, comme les médecins des temps anciens, ont pu montrer, que l'être humain fonctionne sur le mode des cycles vitaux : cycle de la circulation sanguine, hormonale, cycle des "créations-destructions-créations" de notre squelette, de nos cellules, de notre peau.

Notre vie défile aussi selon un cycle. Nous passons tous par cinq phases de vie : la naissance, la croissance, la maturité, la vieillesse et la mort. Dans la nature, il y a le printemps, l'été, l'été indien, l'automne et l'hiver, et puis à nouveau le printemps, l'été... Pourquoi la VIE échapperait-elle à la règle d'un cycle de re-création ? Aussi acceptons-nous l'idée qu'avant la naissance, il y a quelque chose, et qu'après la mort, il y a aussi quelque chose.

Certaines philosophies matérialistes refusent cette vision, et te diront qu'effectivement le cycle existe, mais que c'est un cycle purement matériel : nous naissons, nous vivons, nous mourrons, nous retournons en poussière à la terre qui nourrit un autre homme qui recrée une vie etc... Certes, mais que dire du cycle de l'Âme, de l'esprit humain ?

Je ne souhaite pas disserter ici sur l'existence de l'Âme. Je voudrais te livrer les conclusions d'une de mes méditations sur un des débats éthiques d'un moment, à savoir le clonâge. Admettons qu'à partir d'une cellule, on arrive un jour par de "savantes" manipulations génétiques à reproduire, à faire naître deux êtres totalement identiques, encore plus identiques que les plus parfaits des jumeaux : même iris, mêmes empreintes digitales, constitutions sanguines totalement identiques, etc.

Le jour même de leur "naissance", on les enferme ensemble dans une pièce. Ils vont alors être soumis exactement aux mêmes stimulis, recevoir les mêmes informations, les mêmes apprentissages. Puisque nous avons à faire à deux clones parfaits, on serait en droit d'attendre, qu'à des questions simples au début et de plus en plus compliquées ensuite, on obtienne des réponses totalement identiques, au mot près. Il s'est imposé à moi l'évidence que ces deux clones finiraient par diverger et que l'un répondrait oui à une question, alors que l'autre répondrait non. Comment pourrait-on expliquer le phénomène sans admettre l'existence d'un passé avant la naissance, d'un corps habité par une Âme, Âme qui posséderait son propre vécu qui viendrait s'interpénétrer avec le corps physique pour ne former qu'une unité. Cette Âme pourrait se dissocier du corps physique, retrouver sa liberté, si j'ose dire, au moment du passage, de la mort terrestre".

Maître Liu s'arrêta de parler, et porta à ses lèvres sa tasse de thé. Il en fit autant. Il n'avait rien à dire, seulement à écouter. Tout lui paraissait tellement limpide. Il était impatient d'entendre la suite, et surtout de comprendre où Maître Liu voulait en venir.

"Comme tu as pu le constater, je mets en pratique le savoir que j'ai reçu de mes Maîtres, d'où cette table et tous les accessoires servant aux soins. L'acupuncture en fait par-

tie, mais elle n'est qu'un des éléments de la panoplie des traitements que nous mettons en oeuvre. Le corps étant fait d'esprit, de matière et d'énergie, ces trois entités étant totalement indissociables, nous sommes aussi bien, médecin de l'Âme que du corps. Une partie des enseignements que je te donnerai seront directement issus des enseignements de médecine chinoise traditionnelle, eux-même issus des enseignements de la philosophie taoïste.

Je viens de te parler de l'âme. Les taoïstes ont montré que nous étions fait de quatre entités, le HUN, le PO, le SHEN et le SHEN TI.

Le HUN représente la nature innée de l'homme, le précurseur de l'esprit existant avant la Vie, qui va être transmis par les générations précédentes. Le PO est la forme physique innée. Reçu héréditairement, il conditionne le développement de la forme physique, le fonctionnement du corps et des organes, le mouvement. Le SHEN, c'est l'esprit, la conscience acquise durant les premières semaines de la vie. Enfin le SHEN TI est l'apparence physique, matérielle de l'organisme, capable d'adaptation.

Le HUN et le PO sont invisibles. Ils constituent ce qui pourrait être apparenté au patrimoine héréditaire. Ces deux entités sont issues de la ou des générations précédentes et ne peuvent pas être modifiées.

Ils se développent donc dans le corps de la mère pour devenir respectivement le SHEN et le SHEN TI, l'Esprit et le corps. Un parallèle peut être fait avec les découvertes de la génétique moderne. Elles permettent, par une simplification extrême, de dire que le HUN et le PO représentent le génome contenu dans un chromosome qui va conditionner toute la vie terrestre d'un individu.

Tu m'entendras souvent parler de matérialité des émotions ou des différentes parties du développement de la pensée. En effet, pour la médecine traditionnelle chinoise, corps et esprit sont en totale inter-dépendance et indissociables l'un de l'autre.

Prenons un exemple. Supposons qu'un enfant soit issu de trois générations d'alcooliques invétérés. Le HUN précurseur du SHEN, et le PO précurseur du SHEN TI se sont réunis et ont donné à cet enfant un foie fragile et tendu, un tempérament colérique et agressif puisque cette famille d'émotions est à mettre en relation avec l'énergie du foie. Cette tendance colérique n'est là que parce que l'héritage familial l'y a prédisposée. C'est dans ce sens que je parle de la matérialité des émotions.

Tu verras que dans le mode d'emploi du jeu que je te dévoilerai bientôt, ces notions viendront naturellement prendre leur place.

Selon de nombreuses traditions, dans le HUN existe une autre composante qui n'est pas issue du génome. C'est une entité immatérielle qui vient se loger dans le sein du corps physique peu après ou au moment de la conception. C'est l'Âme, l'Esprit .

Pour t'aider à comprendre cette inter-pénétration, je vais te raconter une petite fable tirée d'un texte bouddhiste :

Un élève étudiait un soutra, un texte sacré bouddhiste, depuis plus de douze ans. Un jour, il eut une illumination. Il alla voir son père et lui annonça tout heureux qu'il avait enfin compris le sens et la vérité de ce soutra. Le père lui dit :
-Je vais t'apprendre des choses qui ne sont pas dans ce texte. Prends une noix de banian et ouvre là. Que vois tu ?
-Des petites graines.
-Ouvre maintenant une graine et regarde ce qu'il y a dedans ?
-Mais rien ...!
-Mon fils, toute la vie de l'immense banian est cachée dans cette graine, même si rien n'est visible. Le Moi de tout être vivant est dans ce coeur subtil. C'est le Moi le plus vrai, et c'est ce que tu es aussi. Maintenant vide ce sac de sel dans un bol. A présent, sors le sel et donnes le moi.
-Mais père, le sel a disparu.
-Goûte l'eau à la surface du bol.
-Elle est salée père.
-Goûte l'eau au milieu du bol.

-Elle est salée.
-Goûte l'eau au fond du bol.
-Elle est toujours salée.
-Ecoute mon fils, ce bol d'eau est comme ton corps. Le coeur le plus pur y est caché comme le sel dans l'eau. C'est la vérité, c'est le coeur de toutes choses et toi tu en fais partie".

Maître Liu posa alors sur le plateau du jeu quatre cartes d'une couleur identique, d'une taille un peu supérieure à celle des cartes à jouer. Chacune d'entre elles était ornée d'idéogrammes.

"Ces cartes viennent compléter le plateau. Elles représentent chacune des quatre entités *HUN, PO, SHEN* et *SHEN LI. Lorsque ces quatre cartes sont tirées, lorsque cette "main" est composée, le jeu commence.*

La fable que je viens de te conter, te permet de mieux comprendre que ces quatre entités se fondent l'une dans l'autre au moment de la naissance, lorsque sur le Grand Jeu, tu quittes la première falaise. Elles ne se redissocient qu'au moment du passage sur la deuxième falaise, la Mort.

SHEN et SHEN TI sont directement en relation avec l'environnement, le mode de vie, l'éducation d'un individu. Ces deux entités font partie du domaine visible et peuvent évoluer au gré des expériences de la Vie. Tout ce que tu peux voir, toucher, sentir, entendre, goûter va, plus ou moins directement, transformer ton corps physique et ton mental. Mais le plus important à comprendre, pour la suite de mon enseignement, c'est que la Vie est la combinaison de ces quatre éléments.

Le SHEN provenant du HUN, et le SHEN TI du PO, vont devoir coexister en parfaite symbiose. Conscient, subconscient, âme, corps matériel et corps subtil, tout cela forme un tout indissociable tant que dure la Vie.

Tout ce que je viens de t'exposer impose avec force le principe d'une Vie avant la Vie, d'une Vie après la Mort, d'un Esprit subtil logeant dans sa maison et ne pouvant s'en dissocier pendant l'espace de la vie terrestre. Comme pour les fondations d'une maison : bien qu'étant une entité séparée de la maison, cette même maison ne pourrait avoir d'existence sans la présence de cette entité".

Il avait la sensation très nette de recevoir là un enseignement inestimable, mais tellement nouveau et complexe pour son esprit occidental peu habitué à de tels concepts. Maître Liu semblait lire en lui à livre ouvert. Lorsqu'il reprit son discours, il se mit beaucoup plus à sa portée. Il lui parla de lui-même, lui livra une partie de son "Moi" le plus intime, abolissant les barrières qui pouvaient encore les séparer. Et surtout il lui révéla qu'il était le créateur du Jeu.

"Depuis ma tendre enfance, aussi loin que mes souvenirs puissent me porter, je me suis toujours posé les questions du sens de la vie, de ma vie, des vies. J'ai aussi, toujours eu la sensation d'être un observateur de ma propre vie, de mes actions, de mes émotions, comme un sur-moi spectateur. J'ai également toujours su projeter cette impression au sujet "des autres", en me disant que j'aurais pu être Eux, naître Eux. Très vite cet état d'esprit m'a empêché de porter des jugements négatifs sur autrui. En jugeant les autres, je me jugeais moi-même puisque j'aurais pu être eux.

Une nuit, j'ai fait un rêve. J'avais en main le "Petit Prince" de Saint Exupéry, trouvé chez un bouquiniste. J'espère d'ailleurs que tu as lu ce livre ou que tu le liras. Il est si riche d'enseignements. La couverture du livre représentait un enfant, debout sur un cratère de la lune, avec devant lui l'infini et....je me suis réveillé en sursaut avec la conviction que je devais moi-aussi trouver une représentation compréhensible par tous du sens de la vie, de la meilleure manière de la vivre pour soi et pour les autres. Je n'avais la prétention d'expliquer fondamentalement la VIE mais je savais que je pouvais rendre accessible à tous les grandes questions essentielles de la VIE.

Me vint alors l'idée de comparer la vie à un jeu de société. J'ai travaillé avec un artisan français, philosophe, passionné par la culture chinoise, qui a créé les marqueteries magnifiques et dessiné les cartes que tu peux admirer aujourd'hui. Tu comprends mieux pourquoi le titre du jeu est inscrit dans ta langue : "Le Grand Jeu de la Vie". Tu as certainement aussi saisi que je ne crois pas au hasard. Il n'y a donc rien de surprenant au fait que tu aies découvert cette boîte et que je t'invite à étudier la règle du Jeu..."

Deux heures venaient de passer comme en une seconde. Il avait l'impression d'être à peine entré dans la boutique que déjà il en ressortait. Il dut se dépêcher pour être à l'heure au repas. Tout se mélangeait dans sa tête: le HUN, le PO, le SHEN, le SHEN TI. Que de nouveaux mots, de nouvelles notions! Il avait lu dans des romans issus des enseignements tibétains que certains individus avaient la capacité de sortir de leur corps pour s'observer et se détacher du monde matériel. C'était peut-être la dissociation dont parlait Maître Liu.

Au stade où il en était, il en savait trop ou pas assez, et il n'avait qu'une seule hâte, c'était de rentrer dans le vif du sujet et de s'initier enfin à ce "Grand Jeu de la Vie". Il mit longtemps à s'endormir ce soir là. Au matin, Il se réveilla la gorge serrée, angoissé. Il avait la conviction d'avoir senti en lui une entité, sa propre âme, qui s'était comme échappée de lui. Il se rappelait nettement avoir volé autour de son quartier, avoir visité chaque recoin de rue et surtout il avait eu très peur de de ne pas réintégrer son corps.....

DEUXIEME JOUR

L'EQUILIBRE

"Chacun naît grâce à ses parents.... mais l'important est d'accorder à son coeur de renaître."

"Les gens surestiment leur importance. Ils en ont plus à leur yeux qu'aux yeux des autres."

"Une fois que les gens ont une opinion, elle les empêche de voir la Vérité. Quelle-que soit l'époque dans laquelle vous vivez, vous ne faites qu'un avec elle. Quelle que soit le lieu ou vous vous trouvez, vous ne faites qu'un avec lui. Quelle que soit la personne avec laquelle vous vous trouvez, vous ne faites qu'un avec l'essence universelle. Les gens ne devraient pas voir les choses du point de vue de leur ego pour les juger avec les yeux, les oreilles, le nez, la langue, le corps et l'esprit. Ne jugez pas aujourd'hui avec le Moi d'hier."

"Celui qui s'oppose à l'espace et au temps se perd. Notre vie ne devrait faire qu'un avec l'espace-temps. Parce que l'environnement c'est vous, l'espace et le temps sont vous, la personne qui vous précède est vous, la personne qui vous suit est vous."

La journée du lendemain fut plus que maussade. Une fine pluie et le célèbre brouillard londonien ne donnaient pas du tout envie de flâner. C'est donc sans se forcer qu'il assista à ces trois heures de remise à niveau dans la langue de Shakespeare.

Après le déjeuner, il s'isola dans une salle de cinéma pour attendre cinq heures. Un titre avait attiré son attention : "Tigre et Dragon". Ce film à l'affiche semblait devoir s'inscrire dans l'enseignement qu'il avait reçu la veille chez Maître Liu. Il fut émerveillé par la légèreté des combats, les images irréelles qui donnaient l'impression que l'esprit des personnages naviguaient en dehors de leurs corps comme dans une course poursuite sans fin. Il fut touché par cet amour impossible et si pur, la grandeur et la puissance des sentiments exprimés dans l'intrigue. Il sortit de la salle comme envoûté.

Il arriva chez Maître Liu juste à l'heure. Il n'était pas question pour lui de le faire attendre ne serait-ce qu'une seconde devant la porte. Celui-ci avait changé de tenue. Il était vêtu d'une magnifique veste blanche en satin et d'un pantalon en soie noir. Les poils de sa barbe étaient parfaitement ordonnés. Il portait au sommet du crâne une petite calotte, un peu comme les moines ou les juifs, les jours de fête. Son allure dégageait tant de paix que le simple fait d'être en sa présence suffisait à soulager toutes les tensions qui pouvaient subsister dans son esprit. Une apparence extérieure soignée devait sûrement refléter une hygiène de vie intérieure encore plus poussée. Ne disait-on pas que l'Âme avait besoin pour se sentir à l'aise et avoir envie d'y rester, d'une maison parfaitement propre et ordonnée?

Après avoir dégusté une tasse de thé avec quelques petites douceurs au gingembre, Maître Liu reprit la conversation là où il l'avait laissée hier.

"Je te disais que j'avais choisi de comparer la vie à un jeu de société. Tu as découvert hier le plateau et les quatre cartes maîtresses. Nous allons aujourd'hui parler du but et des règles de ce jeu".

Il saisit la boite entre ses mains. Il avait pris le temps de la cirer soigneusement, mettant ainsi en valeur des incrustations de nacre d'une extrême finesse et la minutie du montage invisible. C'était un véritable objet d'art. Il répéta les mêmes opérations que la veille, ouvrit la boîte, déplia le plateau, posa sur la table une liasse de feuilles toutes écrites en idéogrammes traditionnels chinois et des cartes de différentes couleurs.

"Comme tu peux t'en rendre compte, les règles de ce jeu ne tiennent pas sur une seule page. La première indication spécifie le nombre de joueurs. Ton introversion naturelle va y trouver son compte puisque ce jeu se joue à un seul joueur. Le but du jeu, mentionné en gras, est simple. Il faut passer d'une falaise à l'autre sans tomber dans le précipice. Bien sûr, ce n'est pas si facile, et à l'instar d'un jeu de monopoly ou d'un jeu de rôle, les règles définissent le moyen d'y arriver.

Outre, les 4 cartes maîtresses dont nous avons parlé hier, tu disposes de 3 types de cartes.

Les cartes bleues, d'un bleu plus soutenu que le plateau, définissent les conditions de départ du jeu. Tu tires les cartes "câble", "précipice", "balancier", "fil invisible". Nous verrons plus tard quel rôle joue chacune de ses cartes. Tu comprends naturellement que chaque joueur lance un câble entre les deux falaises, sur lequel il va avancer à l'aide d'un balancier et relié à un point supérieur par un fil invisible. Sur son chemin, il va tirer des cartes rouges qui sont autant d'obstacles à franchir et des cartes vertes qui sont l'équivalent des cartes "chance" qui représentent des perches à saisir par le joueur".

Il prit ensuite les feuillets restants dans ses mains. Ils étaient très nombreux et les idéogrammes étaient disposés en colonnes très serrées. Cela laissait présager de longues explications de la part de Maître Liu.

"Ces feuillets représentent, je pense que tu l'as déjà deviné, la règle du jeu. Je sais bien qu'il paraît rébarbatif d'ingurgiter ce genre de directives. Mais plus vite tu maîtriseras les règles indispensables à la bonne marche de ce jeu, moins tu perdras de temps. Or, tu vas apprendre que dans le "Grand Jeu de la Vie", le temps est un allié très précieux. Quand je t'en aurai fait la traduction, je te conseille vivement de lire et de relire ces feuillets, pour en découvrir toutes les subtilités, tous les sous-entendus.

Ce jeu est unique. Tu as tiré une carte "chance", le jour où tu es entré ici. C'est un exemple concret d'une perche à saisir, à ne pas laisser passer. Elle ne se représentera pas forcément à toi. Tu as découvert ce jeu, il faut que tu l'étudies à fond".

Il prit le temps de déguster une nouvelle tasse de thé, fit une méditation de quelques minutes avant enfin d'entrer dans le vif du sujet.

"Au départ du jeu, tu es sur la première falaise et tu as tiré une main HUN, PO, SHEN et SHEN TI. Cette première falaise représente ce qui existe avant la naissance. Pour certains, la naissance intervient au moment de la sortie du nou-

vel être du ventre de sa mère. Pour beaucoup d'autres traditions, elle se situe au moment de la conception ou quelques jours après quand le foetus commence à se développer. C'est là que l'Âme pénétrerait dans ce nouveau corps physique, en puissance de devenir, pour s'y unir étroitement et former une nouvelle entité.

La deuxième falaise, que l'on peut imaginer comme un jardin d'Eden luxuriant, représente ce qu'il y a après le passage, après la mort, après la dissociation du HUN, du PO, du SHEN et du SHEN TI.

Entre les deux falaises, un câble est tendu. C'est la Vie. J'ai choisi cette image du câble pour coller le plus près possible aux enseignements dispensés par les maîtres de médecine taoïste, fondés sur la notion d'équilibre.

Cette philosophie donne une définition de la santé qui la distingue de la médecine occidentale. En occident, la notion la plus communément admise est l'idée d'absence de douleur, d'état confortable. La santé se définit donc comme l'absence de maladie, un état de bien-être, donc une victoire sur le mal. L'approche de l'état de santé en médecine traditionnelle chinoise diffère quelque peu. L'idée qui prévaut est plutôt celle d'un équilibre entre deux forces opposées, deux contraires, le YIN et le YANG. Cet équilibre peut être plus ou moins stable. Dès la naissance, il peut être très pré-

caire chez certains, ou au contraire très assuré chez d'autres.

Pour beaucoup, les concepts du YIN et du YANG font partie du domaine ésotérique, propre à la mentalité orientale. Pourtant tu admettras que ce concept est non seulement très facile à appréhender, mais surtout permet d'expliquer la genèse, l'origine de tous les symptômes, de toutes les maladies que ton corps fabrique. Je pense que tu dois avoir des notions élémentaires en anatomie et en physiologie. As-tu remarqué que tout le fonctionnement de ton corps peut être séparé en deux contraires ? Je vais te donner quelques exemples.

Le phénomène de la respiration se décompose en inspiration et expiration. Selon le référant ou le référé, c'est à dire selon l'angle où l'on se situe, tu pourras dire par exemple que l'inspiration est YIN, car il s'agit d'un phénomène passif, par contre l'expiration, qui demande plus d'énergie au corps, sera classifiée comme YANG. Tu pourrais développer une interprétation inverse mais ce qui compte c'est de comprendre qu'il doit exister un fonctionnement harmonieux entre ces deux mouvements opposés dont le déséquilibre génèrerait des pathologies. Si par exemple tu inspires plus que tu n'expires, il s'agit d'une pathologie qui porte le nom d'asthme.

De même, le fonctionnement de ton coeur se décompose en deux opposés : contraction-relâchement, systole-diastole, toujours dans une dualité YIN-YANG. Qu'apparaisse un déséquilibre entre ces deux forces et cela peut provoquer un "gros coeur" ou au contraire, une insuffisance cardiaque.Le système d'évacuation des déchets ne fonctionne que grâce aux mouvements péristaltiques des intestins. Ces mouvements sont une succession de contractions (yang) et de relâchements (yin). La prochaine fois que tu verras un ver de terre en mouvement, tu comprendras exactement comment cela fonctionne. Si un déséquilibre apparaît, que ce soit sous l'influence de facteurs émotionnels, ce qui est très souvent le cas, ou d'agressions mécaniques, des pathologies apparaissent, colites, selles molles ou au contraire constipation. Le système nerveux central se divise en deux opposés, le système nerveux sympathique et parasympathique etc....

Cette distinction entre deux opposés s'applique même aux éléments les plus microscopiques de notre corps. Chaque cellule, parmi les milliards de milliards de cellules que nous possédons est chargée électriquement. La surface de la cellule est chargée négativement, force YIN, et l'interne, positivement, force YANG. Cela crée un champ électrique, une différence de potentiel qui permet les échanges des deux cotés de la paroi cellulaire. Un déséquilibre entre ces deux charges provoque des pathologies.

Je pourrais multiplier les exemples à l'infini. Mais tu dois absolument être convaincu que nous sommes entièrement dépendant de cette bipolarité YIN-YANG et de son équilibre. Tous ces déséquilibres physiques sont autant de "cartes rouges", d'obstacles à surmonter. De même, nos émotions, qui sont directement liées au fonctionnement des organes, n'échappent pas à cette règle. Sur notre câble, nous passons obligatoirement par des phases de joie et de tristesse, de calme et d'excitation, d'attirance et de rejets etc, etc.

Le jour où tu auras aboli tous ces contraires, tu seras devenu un être éclairé sur le point d'arriver sur la falaise d'en face. En effet, cette bipolarité n'existe ni sur la première, ni sur la deuxième falaise. C'est comme si UN donnait DEUX qui retournait au UN. Elle commence au moment de la division de la cellule primordiale en deux cellules et se termine à la disparition de toutes les cellules de notre corps. Elle commence pour ce qui est de notre vie aérienne, au moment de la première inspiration, et se termine à notre dernier souffle. Entre les deux une succession ininterrompue de mouvements YIN-YANG.

Je te disais tous à l'heure que l'équilibre de départ pouvait varier d'un individu à un autre. Nous ne tirons pas tous la même carte "câble". Certains ont un câble très fin qui les oblige plus que d'autres à prêter attention à leur stabilité. D'autres avancent sur un câble beaucoup plus épais, ce qui leur permet d'assurer beaucoup plus facilement leurs pas.

Donc, que ce soit au moment de la conception, quelques jours après ou au moment de la sortie du ventre de ta mère, tu poses un premier pas sur le câble. A partir de là, tu ne peux plus jamais reculer. Les heures, les jours, les semaines, les années passent, et tu avances inéluctablement vers la falaise d'en face.

La notion de temps n'existant que sur ce câble, et celle-ci étant tout à fait relative, il te semble à certaines périodes de ta vie que tu avances très vite, et à d'autres moments au contraire, tu as l'impression de marcher au ralenti. A toi de décider ce qui est le mieux, mais donnes toi la possibilité de réviser ton jugement à la fin de mon enseignement.

Que tu chutes du câble ou que tu arrives sur la falaise d'en face, c'est incontournable, ton câble a une fin. Tu dois t'y être bien préparé, pour ne pas être sous l'emprise des tourments et de la peur au moment du passage.

Dans les fêtes foraines, tu as certainement déjà vu un funambule avancer avec d'extrêmes précautions sur un câble tendu entre deux poteaux. Quand il arrive à quelques pas de la fin de son parcours, son visage se détend et laisse apparaître un sourire de paix et de soulagement, surtout quand il pose le pied sur la plate forme d'en face : tel devra être ton état d'esprit à l'extrémité du câble.

Certains avancent avec insouciance sur ce câble, la fleur à la bouche. Mais les pièges et les écueils sont nombreux, et alors qu'ils se sentent forts et invulnérables, un coup de vent totalement inattendu peut les déstabiliser. Tu dois aussi accepter l'idée que le jeu n'est jamais gagné tant que tu es sur le câble. Tu crois avoir engrangé assez de points dans la partie pour être tranquille le restant de tes jours. Tu tires une mauvaise carte, et ton capital s'effondre. Retour à la case départ. Tout est à refaire.

De même, trop regarder en arrière ou au contraire trop regarder vers l'avant fait risquer un faux pas et la chute vers le précipice. Les anciens nous ont transmis une recette infaillible pour éviter cet écueil : concentre toi sur chaque pas, apprends à vivre "en pleine conscience". Vivre consciemment chaque instant de sa vie, arrêter de se morfondre ou de se réfugier dans un passé qui n'existe plus, arrêter de tirer des plans sur un futur hypothétique, voilà le grand secret.

Tu es toute ta vie un équilibriste sur ton câble. Et comme tout équilibriste, tu as la possibilité d'utiliser un balancier. A l'instar de la "carte câble", nous ne tirons pas tous la même carte "balancier" qui a la particularité de pouvoir être rejouée au fil du câble. Pour tirer le balancier le plus grand et garantir ainsi ton équilibre sur le câble, tu dois t'inspirer des règles de la médecine traditionnelle chinoise dont une des grandes forces, plus que tout autre médecine, est d'avoir appréhendé toutes les facettes de la prévention. Il faut que tu sois tout à fait conscient que le corps humain n'a pas été créé pour tomber malade, mais est, au contraire, une extraordinaire machine à s'auto-guérir, à s'auto-équilibrer en permanence.

Tu ne vis que parce que tu manges, que tu respires, et que tu penses. Plus tu prends soin de ton hygiène alimentaire, de ton hygiène physique et sportive, plus tu apprends à maîtriser tes émotions, tes états d'âmes, plus ton balancier est grand. Ce balancier représente tout les aspects matériels liés à la vie sur lesquels tu peux avoir une influence directe. Respirer en pleine conscience des dizaines de fois par jour, bien dormir, considérer la régularité comme un maître mot, marcher, mastiquer et devenir le chef d'orchestre de ton alimentation en appliquant des règles élémentaires de diététique, tout ceci fait partie du domaine matériel de la prévention, très facilement applicable, pour peu que tu veuilles bien t'en donner la peine.

Hier, je prenais l'exemple de cet enfant qui, ayant une hérédité d'alcoolique, naissait avec une énergie du foie "tendue", donc présentant des états mentaux et émotionnels directement liés à ce déséquilibre. Le foie gouvernant la tension nerveuse, la colère intériorisée ou extériorisée, l'élaboration des plans et le passage à l'acte, il a toutes les chan-

ces, s'il n'y prend garde, de faire remonter ces symptômes à la surface. L'antidote de cet état est d'acquérir un esprit proche d'un état zen, une bonne maîtrise de la respiration et de la relaxation, le pardon facile, une alimentation adéquate, autant de facteurs susceptibles d'augmenter la taille de son balancier.

L'apprentissage et la compréhension de ces mécanismes subtils, de cette inter-relation entre les différentes émotions et le fonctionnement de chaque organe te permettront de devenir spectateur de ton état. Un peu comme si tu te construisais un Sur-Moi, ce Sur-Moi qui a la connaissance qui te permet d'éviter de te fondre ou de te morfondre dans des états morbides.

La carte "fil invisible" alors entre en jeu. Elle permet aussi de maintenir l'équilibre sur le câble. Au sommet du crâne se trouve un point très important en médecine traditionnelle chinoise. On l'appelle BA HUI, ou "point des Cent Réunions". Il porte encore le nom de "plénitude supérieure", de "plénitude céleste du sommet de la colline". Ce point a une très grande importance acupuncturale. Nous le retrouvons dans toutes les civilisations traditionnelles. C'est la Kippa des juifs, la tonsure des moines, l'endroit où de nombreux peuples traditionnels se font pousser une queue de cheval. Ce point, anatomiquement, correspondrait à la fontanelle postérieure. Les tibétains disent que l'Âme sort par cette zone au moment du passage. C'est un des chakras principaux dans la médecine ayurvédique. Quelle qu'en soit la traduction symbolique, c'est un point directement lié à la spiritualité.

Imagine que, de ce point, part un fil invisible qui te relie au ciel. Au stade de la perfection, ce cordon d'argent est tellement solide, qu'il peut supprimer définitivement tout risque de chute dans le précipice. Grâce à la méditation, à la prière, à l'approfondissement de ta spiritualité, à la compréhension des "choses de la vie", tu peux, petit à petit, tisser un lien qui te met en relation avec le ciel et qui te permet, comme le filin protecteur des funambules, d'arriver sans encombre sur la falaise d'en face.

Cependant, sauf si tu es un être éclairé, tu ne sais jamais quel est son état de solidité, tu ne connais pas le degré de spiritualité des êtres et le sens réels de leurs actes. Ceci explique pourquoi les Saints peuvent mourir dans des déchéances physiques extrêmes, pourquoi les bouddhas sont représentés adipeux et ventripotents. Leur corps physique n'a plus aucune importance, et nous savons intimement qu'ils sont arrivés sur la falaise d'en face. Leurs souffrances, leurs tares physiques ne sont alors qu'autant d'épreuves qu'ils nous soumettent pour nous aider à connaître le sens profond de la Vie.

La connaissance de l'existence de ce fil invisible et l'ignorance de son état permettent de mieux supporter la mort d'amis ou de proches. Tu ne sais en effet jamais s'ils sont tombés dans le précipice ou s'ils ont, malgré les apparences, atteint la falaise d'en face. Une personne meurt d'un cancer. Sa maladie n'a-t-elle pas servi d'épreuve à d'autres funambules, atteignant ainsi sa propre rédemption sur la falaise d'en face ? Si une personne décide elle-même de se jeter dans le précipice, car elle se sent incapable de surmonter un obstacle qui lui obscurcit totalement la vision de la falaise d'en face, donc la vision de la vie, tu peux dire alors qu'elle a perdu la partie.

Notre époque tend à abolir toute forme de spiritualité. Les individus ne sont plus en mesure de créer ou de renforcer ce fil invisible. De plus en plus d'adolescents ont perdu tout point de repère et sont des candidats potentiels au suicide. Les règles du jeu de la Vie dont nous parlons aujourd'hui doivent te permettre de ne pas être l'un d'entre eux.

Tu es donc sur ce câble, un balancier à la main, un fil invisible qui te soutient. Tu avances vers l'autre falaise en tirant des cartes obstacles ou des cartes chances. Prends une de ces cartes vertes, une carte "chance". Elles sont illustrées par le symbole de la perche tendue. Tu dois toujours rester attentif aux perches qui te sont lancées. Ce sont celles de la connaissance, de tes intuitions, de tes songes, de tes lectures jamais fortuites, de tes rencontres où le hasard n'a que peu de place. Il faut que tu apprennes à les reconnaître, à ne pas les laisser s'échapper. Ces perches sont autant de clés qui vont te permettre de résoudre les différentes énigmes placées sur le câble.

C'est ici que la philosophie consistant à vivre le moment présent, en pleine conscience, trouve sa meilleure application. Pourquoi est-ce que je viens de lire tel article, pourquoi ai-je pris ce livre et pas un autre, qu'elle est la signification de cette rencontre etc... Poses toi à chaque instant ces questions. Même si la réponse n'est pas immédiate, elle existe, tu finiras par la connaître. Sois toujours en état de conscience.

Au cours du jeu, il se peut aussi que tu tires de fausses cartes "chance", les cartes de l'illusion. Elles ont la même couleur, la même illustration à un détail près. Regarde celle-ci, à première vue, elle représente une perche, mais tu ne vois pas qu'elle est gluante. Ainsi, prends garde à ne pas placer trop rapidement ta confiance dans un individu qui te fais miroiter monts et merveilles. Il pourrait bien te manipuler et t'engager dans une voie qui ne serait que la sienne. Le jour où tu t'en rends compte, il est souvent trop tard. Tu as perdu ton câble sous tes pieds et tu tombes dans le précipice. De même, par manque de confiance en toi ou par manque d'expérience, tu pourrais être enclin à t'accrocher à des perches illusoires qui, petit à petit, modèleraient tes pensées, tes émotions, ta façon d'être et de vivre. Tu finirais par ne plus être toi, ton câble s'effacerait sous tes pieds.

Développer ton jugement, avoir accès à la connaissance, te remettre en permanence en question, te permettra alors de choisir les bonnes perches, qui vont, non seulement t'offrir la possibilité de te reposer momentanément sur ton câble, mais, et nous le verrons, t'aider à résoudre les grandes énigmes de la vie, les grandes énigmes de ce jeu.

Je pense t'en avoir assez dit pour aujourd'hui, et il te faudra bien tout un dimanche pour méditer sur le sujet. Si tu le veux bien, je te donne rendez-vous demain matin dans le parc situé juste derrière ma maison.Tu pourras m'y retrouver près du pont enjambant la petite rivière, au moment où les premiers rayons de soleil éclairent l'horizon".

Ils se quittèrent non sans avoir pris une dernière tasse de thé. Il se faisait tard, et il n'eut pas le temps de s'attarder dans les rues avoisinantes. D'ailleurs il n'en n'avait ni le goût, ni l'envie. Jusqu'à maintenant, il pensait avoir bien saisi la règle du jeu, fort simple au demeurant : arriver sur la falaise d'en face sans tomber dans le précipice en se servant d'un balancier, de perches et d'un filin l'arrimant sur un câble. Mais quelque chose lui disait que ce jeu pouvait en cacher un autre. Car enfin si le but du jeu lui semblait clair, il ne voyait aucune réponse à la question essentielle pour lui : *pourquoi ce jeu?* Il se rappela alors de ce qu'il venait d'apprendre. Il suffit de se poser la question et de laisser faire. Qui sait ? Une réponse pourrait bien surgir alors qu'il serait dans les bras de Morphée.

Cette nuit là son sommeil fut particulièrement agité. Il rêva qu'il était Indiana Jones, en équilibre instable sur un vieux pont suspendu au dessus d'un précipice. Il manquait à chaque pas de passer à travers les lattes de bois vermoulu. Le vent le faisait tanguer dangereusement. Soudain devant lui, plusieurs mètres de passerelles manquaient. Il ne pouvait plus reculer. Ses assaillants le poursuivaient prêts à le trucider. S'il ne trouvait pas une solution rapidement, il allait tomber dans le précipice. Pourtant il était presque arrivé sur l'autre rive. Juste à cet instant, il se réveilla brusquement, en sueur, et ce n'est que beaucoup plus tard qu'il trouva un sommeil réparateur.

LE TROISIEME JOUR

UNE PAUSE

"L'effort honnête n'est pas toujours récompensé. Le travail acharné ne se solde pas toujours par une fin heureuse. Ce qui compte, c'est de vivre chaque minute, chaque seconde... vivez votre enfance en enfant, l'âge adulte en adulte et la vieillesse en vieillard. Pour conserver un esprit calme en toutes circonstances, il y a la Voie."

"Nous voyons le monde de notre point de vue propre. Peu importe ce que nous sommes, nous regardons le monde par nos yeux. Nos conclusions dépendent de notre état d'esprit."

"Refuser le changement mène droit à la mort, parce que la vie change inlassablement. Nous devrions évoluer avec l'âge. L'esprit peut toujours renaître comme un nouveau papillon."

"Dans l'univers, toutes les choses sont en paix avec elles-mêmes et se moquent des êtres humains. La souffrance humaine naît du désir de ce qu'on a pas, et de ce qu'on a, mais qu'on n'apprécie pas."

*L*e lendemain matin, jour du Seigneur, il se leva aux aurores. Il ne fallait pas faire attendre Maître Liu. Après avoir rapidement ingurgité son petit déjeuner, il s'empressa de prendre le métro. C'est un trajet qu'il commençait à bien connaître. Durant le parcours, il n'arrêtait de se poser des questions sur le pourquoi d'un tel rendez-vous? Pourquoi dans un parc? Pourquoi si tôt le matin? Il allait vite trouver les réponses à ses interrogations.

Ce parc ressemblait étrangement aux images bucoliques chinoises qu'il s'était façonnée au cours de ses lectures. Un véritable jardin chinois en plein coeur de Londres : un magnifique étang, des rochers disposés un peu partout pour couper les perspectives, des arbres et des plantes harmonieusement taillées, des espaces de repos. A chaque détour, on avait l'impression de changer de lieu. Il se mit à la recherche de son Maître. Il le trouva à coté d'un petit pont enjambant un ruisseau. Il était impassible, vêtu d'une tenue traditionnelle, très ample, comme celle que portent les maîtres de kung fu. Dans ce petit matin brumeux, aux couleurs pastels, on aurait dit une apparition.

Après les salutations d'usage, ils traversèrent le petit pont. Maître Liu lui apprit que faire un tel acte avait une signification particulière. En effet, chaque passage sur ce pont de pierre, et ce, à condition de le faire "en pleine conscience", avait pour effet de prolonger d'un an la vie de celui qui se prêtait à cette cérémonie. Ils cheminèrent le long d'allées bordées de bambous, d'azalées, d'érables rouges. L'air sentait bon l'humidité fraîche. Ils n'étaient pas seuls. Dans chaque bosquet, des personnes de tous âges s'adonnaient à une gymnastique qui s'apparentait à une danse. Il avait déjà vu dans certains reportages de telles pratiques mais sans vraiment en connaître la finalité.

Bientôt, ils débouchèrent sur un magnifique étang, couvert de nénuphars et de fleurs de lotus. Vu l'heure matinale, elles n'étaient pas encore ouvertes. C'était un véritable instant de bonheur et de plénitude. Il commençait à entrevoir toute la signification de l'art de vivre l'instant présent. Il était bien loin de ses préoccupations, de ses routines quotidiennes.

Après quelques instant de silence, Maître Liu lui révéla la signification emblématique de la fleur de lotus. Elle se présente à l'origine comme un tubercule allongé, réuni en chaîne à d'autres tubercules par des noeuds. La racine de lotus est très appréciée en diététique chinoise pour ses propriétés culinaires. Coupée en tranches, elle est faite de compartiments où se logent les graines. Ces graines peuvent avec leurs germes être cuites et mélangées à un jaune d'oeuf. C'est alors un excellent remède contre l'insomnie. Les noeuds reliant les différents tubercules sont séchés et réduits en poudre et entrent dans des préparations magistrales de pharmacopée chinoise pour traiter certaines maladies mentales et émotionnelles.

Ce chapelet de racines, de tubercules a la propriété de pousser uniquement dans la vase. A partir des noeuds montent verticalement des tiges creuses qui se terminent par un bouton floral au ras de l'eau. En milieu de journée ces fleurs s'ouvrent et deviennent un enchantement pour les yeux.

Les bouddhistes ont choisi cette fleur comme emblème, en lui donnant plusieurs significations symboliques. Elle signifie, entre autres, que l'on peut avoir les pieds dans la boue, dans la vase, mais si l'on apprend dans sa vie à être droit comme sa tige, et à faire le vide à l'intérieur de soi, comme cette tige creuse, alors notre esprit peut s'épanouir et devenir aussi beau et pur que cette fleur. Quelle que soit notre condition de départ, nous avons tous la possibilité, grâce à la connaissance, de pleinement nous épanouir et de rayonner à la manière de cette fleur.

Ils arrivèrent au bout de quelques minutes dans un endroit qui semblait être très familier à Maître Liu. Il lui apprit qu'il s'y rendait tous les matins, sauf en cas de mauvais temps, depuis plus d'une quarantaine d'années. Il comprit enfin la raison de ce rendez-vous. Le Maître voulait lui enseigner quelques rudiments de base de Qi Gong, ces exercices plusieurs fois millénaires.

Maître Liu dérogeait ainsi à la règle qui veut que ce genre d'exercices soit appris très lentement, par simple imitation, au départ. Dans les jardins chinois, des maîtres pratiquent quotidiennement. Ils sont repérés par de futurs élèves qui se mettent derrière eux et les imitent, sans qu'aucune parole ne soit échangée. Cette situation peut durer des semaines ou des mois avant que le Maître ne se retourne et daigne corriger ou donner des conseils sur les techniques de pratique. On est bien loin de l'enseignement occidental où l'on veut apprendre et emmagasiner des dizaines de mouvements en quelques séances. L'essence même du Qi Gong disparaît mais cela reste de très bon cours de gymnastique douce.

Maître Liu avait seulement l'intention de lui donner envie de continuer à pratiquer, une fois de retour en France. Il lui enseigna donc quelques exercices d'échauffement et trois mouvements très simples qu'il lui demanda de pratiquer quotidiennement.

Ensuite Maître Liu se concentra et commença à exécuter un enchaînement de mouvements, une variante du célèbre Tai Qi Chuan. C'était un véritable enchantement pour les yeux. Le corps, l'esprit et l'énergie que les chinois appellent les trois trésors, semblaient se fondre en une seule entité. Le corps, tel un bambou, effectue une danse extrême sans jamais donner l'impression de déséquilibre. Certains mouvements lui faisaient raser le sol ; à d'autres moments, il donnait l'impression de prendre son envol. Il ne sut combien de temps dura ce spectacle hors du temps, mais il se dit qu'il devait apprendre à bouger ainsi.

Ce matin là, Maître Liu ne lui parla pas du jeu. A l'heure du repas, ils s'attablèrent dans un restaurant que seuls les chinois de l'endroit connaissent. Cela ressemblait plutôt à une cantine. Il était incapable de déchiffrer le menu. Maître Liu commanda donc pour lui. Ils commencèrent par un bol de soupe claire, au goût subtil de bouillon de poule, avec quelques légumes qui surnageaient à la surface. Ensuite accompagnant le sacro-saint bol de riz, on lui servit toute une série de petits plats, autant de mets inconnus de lui. Il se laissa mener en toute confiance, et, son premier réflexe de rejet dépassé, il prit grand plaisir à manger.

Pas d'entrée, pas de dessert, il venait de prendre un repas quotidien dont l'objectif est avant tout de nourrir le corps. Ils se quittèrent, non sans s'être redonné rendez-vous pour le lendemain à cinq heures.

Il décida de rentrer directement, tant il se sentait bouleversé. En l'espace de quelques jours la destinée l'avait plongé dans un autre monde. Il avait l'impression de surfer sur les vagues d'un rêve éveillé. Il était tout à fait conscient de recevoir là un concentré d'enseignement, qu'il allait devoir ruminer, digérer pendant de longs mois, et, peut-être le plus difficile, mettre en pratique.

Quand il traversa le jardinet pour entrer dans sa maison d'accueil, pris dans le vertige de ses pensées, il ne fit pas attention au retour d'une branche d'arbre qu'il avait poussée sur son passage. Il se blessa très légèrement à l'oeil. Au départ, il eut l'impression qu'un grain de sable s'était logé sous sa paupière. Mais dans la soirée, la douleur devint intolérable. Il ne pouvait plus ouvrir l'oeil. La maîtresse de maison lui proposa un collyre qui ne put le soulager que momentanément. Il passa une mauvaise nuit, ce qui ne l'empêcha pas de rejoindre son groupe de travail le lendemain matin.

QUATRIEME JOUR

LE SENS DU JEU

"Chacun a ses forces et ses qualités uniques. Pourquoi s'occuper du respect ou du mépris des autres? Celui qui vit selon les valeurs des autres mourra sûrement de son propre mécontentement."

"Le bouquet de fleurs et l'espace sans fleur font tous partie de la vie. Les peintures et les espaces vides appartiennent aussi à la vie. Les conversations et les silences font partie de la communication. Certaines personnes préfèrent les endroits colorés et vivants, mais l'espace vide peut aussi procurer de la joie."

"Pour voir au-delà des défis de la vie, le Moi spirituel intérieur doit combattre l'ego extérieur. Ne vous réjouissez pas trop, même si vous avez gagné le monde entier car vous avez peut-être perdu votre vrai Moi."

"La plupart des gens perdent leur temps à la poursuite des choses vaines. En vérité, leurs esprits sont enchaînés par ces mêmes choses. Pourquoi poursuivons-nous ces pièges qui nous emprisonnent toute notre vie ?"

Quand il rejoignit son Maître à l'heure dite, celui-ci se rendit tout de suite compte de l'état de son oeil. Il l'accompagna comme à l'accoutumée au fond de son magasin, dans son cabinet. Au lieu de le faire asseoir, il l'invita à s'allonger sur la table de soin, un petit coussin sous la tête, qui épousa la courbure de sa nuque, un matelas dur, mais très confortable.

Maître Liu commença par examiner son oeil. Il lui fit tirer la langue, ce qui, de prime abord, lui sembla bizarre. Ensuite, passant d'un poignet à l'autre il se concentra longuement sur ses pouls, jouant avec ses doigts comme sur les touches d'un piano. Il ne posa pas de question, laissant planer un silence apaisant. Il s'approcha du petit meuble à côté de la table, et tira d'une boite de très fines aiguilles. Il les lui plaça au niveau des flancs, sous les côtes, aux mains entre le pouce et l'index et aux pieds entre les gros orteils et les quatrièmes orteils. Puis, il passa d'une aiguille à l'autre, les manipula.

Le traitement ne dura que quelques minutes. Il l'autorisa ensuite à se relever, en lui assurant que sa douleur disparaîtrait dans les heures suivantes. Il eut raison. Dans la soirée, la douleur n'était plus que très minime et le lendemain elle avait disparu. Pour l'anecdote, de retour en France, il consulta son oculiste pour lui raconter son histoire. Celui-ci vit bien une cicatrice sur le blanc de son oeil, mais ne put s'expliquer l'absence totale de douleur et d'inflammation. Il se garda bien de raconter la manière dont il avait été traité. Il savait déjà intuitivement ménager les susceptibilités.

Après tant d'émotions, la tasse de thé qui suivit ne fut pas de refus. C'était une expérience de plus à mettre à son actif. C'était la première fois qu'on lui faisait de l'acupuncture. Maître Liu continua alors son enseignement.

"Tu as compris que le but du jeu est de tout mettre en oeuvre pour arriver indemne sur la falaise d'en face et ainsi, éviter de tomber dans le précipice. Aujourd'hui, je vais t'expliquer pourquoi tu dois exécuter ce parcours. Quel est le sens de notre vie?

Sur le câble de la vie, chacun d'entre nous est confronté à des épreuves et doit surmonter des obstacles. Autant de cartes rouges auxquelles répondent des cartes vertes, les cartes "chances", qui dissolvent en quelque sorte les difficultés".

Maître Liu lui tendit le paquet de cartes rouges. Sur chacune d'elles, il put admirer l'élégance des idéogrammes, la qualité des illustrations. Le Maître reprit.

"Au cours du jeu, tu tires inévitablement ce genre de cartes dont le nombre est limité à 64 types d'épreuves. Tu vas comprendre pourquoi.

Les sages de l'antiquité aimaient à enseigner cette phrase chargée de symboles : "0 donne 1, 1 donne 2, 2 donne 3, et trois donne les dix mille êtres".

0 c'est le néant, l'invisible, le mystère, ce qui ne pourra jamais être expliqué. Du néant est sorti le 1. C'est Dieu, l'être suprême à l'origine de toute création. 1 a donné 2. 2, c'est le YIN-YANG, c'est la vie terrestre, le mouvement. Rien sur cette terre, aucun concept, aucune entité, aucune fonction ne peut exister si son opposé n'existe pas. C'est l'interaction, la combinaison, le contrôle mutuel entre ces deux opposés qui génère la vie. Le oui n'existe que parce que le non existe, jamais n'est tout à fait oui, et jamais n'est tout à fait non. C'est la confrontation, ou plutôt l'inter-pénétration des deux qui crée la discussion d'où peuvent sortir certaines vérités. Le haut n'existe que parce que le bas est là, la nuit, le jour, le beau, le laid, le vide, le plein. Ces deux entités se refondent dans le 1 au moment du passage, sur la falaise d'en face.

Je te disais que 2 donnait le 3. 3 symbolise les trigrammes, c'est une combinaison entre des traits pleins représentant le yin et des traits discontinus représentant le yang. Quand ces traits se combinent entre eux, cela donne huit arrangements possibles. Ces trigrammes peuvent alors se combiner entre eux pour former ce que l'on appelle des hexagrammes. La aussi, quand ils se combinent entre eux, on obtient 64 combinaisons possibles. Cela a donné naissance au fameux livre dit des mutations, ou YI QING. Les chinois traditionnels en ont fait leur art divinatoire.

Si je t'ai parlé de tout cela, c'est pour te faire comprendre que les épreuves que nous affrontons au cours de notre vie ne peuvent pas se multiplier à l'infini. Elles peuvent, comme la symbolique des dix mille êtres, prendre une infinité de formes, mais intrinsèquement parlant, il n'y a que 64 familles d'épreuves, d'obstacles possibles sur notre câble, ce qui n'est déjà pas si mal, je te l'accorde.

Il n'existe pas un être sur cette terre, qui ne soit pas soumis, tôt ou tard, à toute une série d'épreuves. Et si tu étudies la vie de chacun d'entre nous, tu t'aperçevras que le nombre d'épreuves varie d'un individu à un autre, un peu comme un codage génétique.

A ce stade, tu penses peut-être que le sens de la vie est d'avancer sur un câble épais, d'avoir un balancier assez grand, un fil invisible relativement solide et de surmonter les obstacles. Si tu ne te contentes que de cette conception, tu vas au devant de surprises désagréables. En effet, sachant que les mêmes causes produisent les mêmes effets, tu reverras sans cesse surgir les mêmes épreuves, sous des formes plus ou moins voisines. Tu seras toujours rattrapé par ton passé.

Un des grands sens de la vie, une des raisons d'être de ce jeu est d'apprendre à s'arrêter sur l'épreuve, à en trouver la racine pour ensuite la dissoudre grâce à la connaissance. L'obstacle se désintègre alors comme dans les jeux vidéos, toutes les portes s'ouvrent. Tu poursuis ton chemin vers la falaise d'en face, l'esprit serein et clairvoyant.

Les bouddhistes ont l'habitude de dire que ces épreuves n'existent que parce que nous le voulons bien. A partir d'un grain de sable, nous construisons toute une structure qui finit par envahir l'écran de notre mental. Si nous parvenons à déstructurer l'obstacle, à revenir au grain de sable originel, alors de nouveau nous pouvons avancer en toute quiétude sur notre câble, en rechargeant nos batteries pour une prochaine épreuve.

Pour cela nous avons besoin de toutes les perches qui nous sont tendues, de tous les conseils, des enseignements donnés par les êtres éclairés, de toutes les solutions à trouver à l'intérieur de soi, au sein même de notre Âme. L'étude approfondie des différentes philosophies, sans a priori, ni sectarisme, les méditations libres ou dirigées, les enseigne-

ments ou les écrits des saints, des grands maîtres, sont autant de cartes susceptibles de t'aider à résoudre tel ou tel problème.

Tout a déjà été dit, a déjà été vécu : à toi de trouver les bonnes clés, et d'agir sans perdre un instant. En effet, il ne suffit pas de savoir ce qu'il faudrait faire mais bien de passer à l'acte. La méditation peut alors être un excellent moyen. Tu dois apprendre à visualiser l'épreuve, à la considérer sous toutes ces facettes, visibles et invisibles, sous tous ces angles, à la relativiser dans l'espace".

Il sortit alors une pièce de monnaie de sa poche.

"Imagine que ton problème se situe sur le coté face de cette pièce. Cette pièce contient deux faces, YIN et *YANG. L'opposé de ton problème, l'anti-problème se situe sur le côté pile. Il fait intégralement partie de la pièce. Imagine maintenant que tu éloignes cette pièce de tes yeux. Alors qu'elle t'obscurcissait totalement la vue, elle se retrouve noyée dans tout son environnement. Si maintenant tu l'éloignes un peu plus, ton problème du moment est totalement relativisé.*

Je vais encore te donner un autre exemple. Admets que tu sois un joueur invétéré, ce que je ne souhaite surtout pas, que tu sois attiré par l'appât du gain facile, que ce soit la bourse, le casino, les chevaux, les cartes. C'est ce que j'appelais tout à l'heure une famille d'épreuves qui possèdent toutes des caractéristiques communes, à savoir un aspect pulsionnel et un plaisir exacerbé pour l'excitation qu'il procure, doublé bien sûr par l'amour de l'argent.

Te sentant de plus en plus envahi et prisonnier par cette épreuve, tu décides de tout mettre en oeuvre pour revenir à la racine du problème afin de le dissoudre. Tu commences donc par te mettre dans une situation de calme et de repos. Une fois ta respiration maîtrisée, tu relâches tout ton corps. Après t'être mis en position de méditation, tu entames une exploration de toutes les facettes relatives à ton problème, y compris la part liée à l'hérédité.

Les maîtres taoïstes nous ont appris que l'organisme est un tout indissociable, que mental, émotions et fonctionnement des organes, sont en total inter-relation. L'énergie des reins gouverne, entre autres, la volonté, la confiance en soi, et l'énergie du foie a sous sa dépendance tous les tics, les pulsions, les gestes répétitifs. Se "faire des boutons", bégayer, toutes les dépendances à l'alcool, la cigarettes, les drogues, toutes les pulsions plus ou moins morbides, sont en relation avec un déséquilibre énergétique du foie.

Rares sont ceux qui se mettent à jouer au casino à 8 h du matin. Par contre, quand arrive la fin de l'après-midi, la batterie des reins s'est progressivement vidée, le corps n'a plus aucune défense psychologique et tous les alibis sont bons pour se donner des raisons de jouer. La pulsion devient incontrôlable. Grâce à cette connaissance du fonctionnement de ton organisme, somme toute très facile à appréhender et à vérifier, la première partie de cette méditation, qu'elle soit dirigée ou non, t'a permis de comprendre l'aspect symptomatique, pathologique de la pulsion jeu, qu'elle soit acquise ou innée.

Ensuite tu t'attaques au problème du jeu lui-même. Le casino, en l'occurrence n'a pas été créé pour te faire gagner de l'argent, mais pour faire gagner beaucoup d'argent à l'Etat et à son propriétaire. Même si une partie de cet argent est reversée au joueur, au bout du compte, tu es obligatoirement perdant, à fortiori si tu es un joueur assidu.

Tu viens, grâce à la réflexion, à la méditation, de démonter tous les mécanismes du jeu, pour en revenir à la racine, au grain de sable originel. Généralement ce type d'analyse suffit à te faire prendre conscience de ton problème et te permet de le résoudre avec très peu de risques de rechute.

Pour les cas plus complexes, tu peux te mettre entre les mains d'un initié qui t'aidera par des méthodes d'hypnose, d'auto-hypnose, de sophrologie ou autres, à te donner le coup de pouce nécessaire pour passer à autre chose.

Mais attention, la vigilance doit être de rigueur. Ces grains de sable, à l'instar d'une cicatrice, seront toujours présent dans ta chair. C'est un peu comme le code barre de ton câble. Ne te crois donc pas définitivement à l'abri d'une rechute, surtout dans les moments critiques de ton existence. La perte d'un être cher, une séparation, un brusque changement de situation, la retraite, etc, sont autant de déclencheurs capables de faire se reconstruire l'épreuve. Là encore, le maître mot reste la culture de la pleine conscience du moment présent.

Je te disais qu'aucun individu sur cette terre, quelle que soit sa condition, son origine, ne peut faire l'impasse sur ses propres épreuves. Les sages disent d'ailleurs à ce propos que plus tu avances dans la connaissance, plus les épreuves qui sont sur ton câble sont difficiles !... Nous verrons demain, si tu le veux, quatre épreuves qui sont communes à pratiquement tous les câbles, tous les individus. Je t'en brosserai à chaque fois le tableau et surtout je te donnerai des armes qui te permettront de mieux appréhender le problème pour le résoudre".

Sur le chemin du retour, il se rendit compte que son oeil le faisait moins souffrir. Il pouvait l'ouvrir et le fermer sans trop ressentir cette sensation de grain de sable si douloureux. Il ne cessait de penser à tout l'enseignement qu'il venait de recevoir, à toutes ces épreuves qu'il ne connaissait pas et auxquelles il allait être confronté. Il se dit que si c'était cela, un des sens de la vie, l'enseignement à l'école était bien incomplet. Il se rendait compte, qu'en quelques jours, il en avait plus appris qu'en dix ans de scolarité.

Il aurait aimé pouvoir partager ces notions si nouvelles avec d'autres, mais ne savait pas comment s'y prendre. Il réfléchissait aux épreuves qui lui ferait le plus de mal et qu'il voudrait éviter. Il redoutait la perte de ses parents. Il n'avait encore jamais été confronté à la mort. Il avait peur aussi d'être un jour emprisonné et torturé, tout imprégné qu'il était de lectures et de films pleins de violence. Il se demandait comment il réagirait s'il se retrouvait seul, perdu dans un endroit tout à fait inconnu et hostile. Mais il chassa ces pensées terrifiantes de son esprit. Il se dit que la vie valait la peine d'être vécue et que l'effet de surprise de l'événement ou de l'épreuve du lendemain n'était pas pour lui déplaire.

CINQUIEME JOUR

LA GRANDE EPREUVE

"Beaucoup d'entre nous refusent de s'occuper de choses médiocres comme tout le monde, mais sont incapables de faire ce dont ils rêvent. Appréciez ce que vous avez et ne convoitez pas ce que vous n'avez pas. Si vous êtes un poisson, nagez à coeur joie et ne rêvez pas de voler. Si vous êtes un oiseau, volez librement, et oubliez les plongeons."

"Tout le monde pense que le grand est mieux que le petit. Je suis le seul à vouloir être petit ; je suis riche parce que mes désirs sont inférieurs à mes capacités. Si mes désirs étaient supérieurs, je serais pauvre."

"Ne portez pas les charges du passé, ne vivez pas au futur. La seule choses qui importe est de vivre le présent pleinement. Peu importe ce que vous offre la vie, vivez dans l'instant présent."

"Le vide est plein de possibilités tandis que le plein d'ego ne laisse la place à rien d'autre. Etre plein paraît concret, mais de par sa nature pleine, on ne peut rien ajouter."

Il retrouva maître Liu, à l'heure dite. Celui-ci semblait soucieux, ce qui ne lui ressemblait guère. La séance commença par le rituel du thé. Outre toutes les vertus thérapeutiques des thés chinois, Maître Liu lui transmit quelques principes de base pour préserver son équilibre physique : faire régulièrement des Qi Gong, respirer consciemment par épisodes de quatre ou cinq cycles respiratoires tout au long de la journée, prendre régulièrement de petites tasses de thé, s'obliger à faire une ou deux fois une dizaine de minutes de relaxation ou de méditation dans la journée. Toutes ces actions ont un effet commun, à savoir se recentrer, cesser de dilapider son énergie par des excès de pensées, recharger ce que l'on décharge en permanence tout au long d'une journée.

A la première phrase qu'il prononça, il comprit pourquoi Maître Liu était moins serein que d'habitude.

"J'ai longuement réfléchi pour savoir si tu étais à même de recevoir l'enseignement qui va suivre, et en particulier à la manière de te le présenter. Cependant, je pense qu'avec tout ce que j'ai pu te dire les jours précédents, tu pourras très facilement comprendre. Je te disais donc, hier, qu'aucun individu, sur cette terre quelles que soient sa condition, son origine, ne peut faire l'impasse sur ses propres épreuves.

Dès le départ de ta vie, dès le premiers pas fait sur ton câble, tu subis l'épreuve de l'accouchement, le passage douloureux à la vie aérienne qui n'est que la première épreuve d'une série dont nous avons évoqué le nombre hier. Je voudrais insister sur 4 d'entre elles."

Maître Liu prit 4 cartes dans le jeu, 4 cartes d'un rouge sombre. Il les disposa, face cachée, sur le dessus.

"Ce sont des cartes particulièrement redoutables qui demandent beaucoup de vigilance. Certaines cartes "chance" peuvent t'en préserver mais c'est surtout ta propre capacité à analyser et canaliser ton énergie qui te permettront d'en réduire l'impact".

Puis il retourna la première carte et poursuivit.

"Cet idéogramme signifie la "Mort". Chacun d'entre nous est confronté à la sienne et aussi à celles des autres, de nos proches en particulier. La plupart d'entre nous en ont peur. Cette peur peut-être déguisée, voilée, par d'autres peurs comme la peur de la souffrance, la peur de la maladie, la peur de vieillir, ce qui revient exactement au même. Cette épreuve est incontournable. C'est la façon dont tu l'appréhendes qui conditionne consciemment ou inconsciemment toute ton existence.

En médecine chinoise, nous savons que la plupart des maladies internes, comme le cancer, l'hypertension artérielle, les maladies auto-immunes ne sont que l'extériorisation de cette épreuve que l'on a pas su résoudre. En effet pour qu'une pathologie interne puisse se déclarer, il faut nécessairement, en plus des facteurs physiques, la présence de perturbations mentales et émotionnelles. Une peur consciente ou inconsciente de la mort est un grand facteur d'aggravation de ces maladies.

Il est absolument nécessaire que tu te sois arrêté ne serais-ce qu'une seule fois dans ta vie, et ce de manière très approfondie sur cet obstacle qui ne devrait pas en être un, bien au contraire.

Au début de cet enseignement, je t'ai expliqué ce qu'était la Vie pour les taoïstes, à savoir l'imbrication de quatre entités que sont le HUN, le PO, le SHEN et le SHEN TI. Dès qu'il y a perte de cohésion entre ces quatre entités, surgit alors la dernière épreuve de notre vie, de notre câble, à savoir le passage sur la falaise d'en face.

Cette perte de cohésion n'intervient pas toujours de la même manière. Il se peut que le SHEN, l'esprit quitte le corps, alors que le HUN, l'âme et le PO, le précurseur du corps physique y demeurent. C'est ce qui se passe quand un individu perd conscience, ou se retrouve dans le coma. Ces états peuvent durer de quelques minutes, à quelques jours, voire plusieurs années. HUN, PO et SHEN TI sont toujours là, le passage n'a pas encore eu lieu.

Dans un autre cas, c'est le HUN qui quitte le corps, mais SHEN, PO et SHEN TI y demeurent. Les taoïstes expliquent que le HUN a comme rôle d'alimenter et de retenir le SHEN, l'esprit. Si le HUN disparaît, le SHEN n'est plus contrôlé. On dit qu'il perd son maître. C'est ce que l'on appelle la folie ou la démence observée, entre autres, chez les personnes âgées. Il en est ainsi de la maladie d'Alzheimer dont la caractéristique est justement la sortie du HUN.

Dans notre monde matérialiste, la sénilité s'explique facilement. La personne âgée étant le plus souvent isolée, n'ayant plus de points de repère, perd progressivement toute raison de vivre. Si elle a peur de la mort, elle va être retenue physiquement sur cette terre. Le PO, le SHEN TI et le SHEN sont toujours présents, mais le HUN a tendance à s'échapper épisodiquement ou définitivement du corps. C'est pour s'opposer à ce processus que, dans les civilisations traditionnelles, existe un véritable culte de la personne âgée, symbole de la sagesse. Le respect dû à la personne âgée est indissociable de l'admiration que l'on éprouve vis à vis de son état de santé.

Tous les jours, dans les grandes villes ou campagnes chinoises, les personnes âgées font des exercices à six heures du matin ou en fin d'après-midi. Un peu comme ce que tu as pu voir pratiquer dimanche dans le parc. Cette image traditionnelle exprime bien la mentalité chinoise quant à la question du vieillissement. Ces exercices, les soins prodigués par leur entourage éviteront au SHEN de se disperser et au HUN de s'échapper.

Parfois, c'est le PO qui quitte le corps, le HUN, le SHEN et le SHEN TI y demeurent. Il se produit alors un changement physique brutal dans l'apparence du corps. Cela peut-être une déformation, une paralysie, une atrophie musculaire, etc. Le SHEN TI ayant perdu son maître, il n'a plus la potentialité pour se développer.

Dans tous ces cas de dissociation des entités, il s'agit de détériorations visibles du physique ou du mental, ou des deux à la fois. Certains de ces cas peuvent s'apparenter à des demi-morts, mais ce n'est pas du tout la mort telle que les orientaux la définissent. La mort est la dispersion dans l'ordre, du SHEN, puis du HUN, ensuite du PO et enfin du SHEN TI. Lorsque le corps n'a plus ni SHEN, ni HUN, cela signifie que le corps physique n'a plus de maître. Le PO, peut alors quitter le corps après un certain temps. Alors commence la lente disparition du corps physique qui retourne naturellement à la terre.

De ces constatations, au demeurant fort simples à comprendre et à vérifier, découlent la nécessité de mettre en pratique certaines règles pour être capable de vivre le passage en pleine conscience et sans peur.

Avant tout, il convient pendant toute ta vie de cultiver ton SHEN, ton esprit afin d'éviter que celui-ci ne se détache du corps. Il est fondamental d'apprendre à concentrer ton SHEN grâce à la relaxation, à la méditation, aux QI Gong. Enfin, tu dois savoir que tu n'as pas la connaissance de l'heure de ton passage sur la falaise d'en face. Elle vient théoriquement, pour les médecins chinois, au terme de 120 ans de vie, mais la distance peut varier entre les falaises. Tu dois donc être prêt à mourir à tout instant. Tu dois pouvoir te dire que, si ton destin s'achève là, tout à l'heure, à la suite d'un accident par exemple, tu es prêt, tu l'acceptes du fond de ton être. Cela sous-entend que ton esprit doit à tout instant être libéré des angoisses, des craintes, des rancoeurs, des désirs de vengeance, des haines latentes, autant de polarités négatives qui rendraient difficiles les différentes étapes du passage.

Ces pratiques, tout le travail que tu dois accomplir sur toi même, te permettront d'accéder sereinement à cette étape obligatoire de la Vie, et surtout de ne plus en avoir peur.

Je t'ai donné ici quelques notions de base pour alimenter tes moments de réflexion sur cet obstacle. La première fois où tu seras confronté à la mort, rappelle toi de tout ce que je viens de t'enseigner. Cela te sera fort utile. Je t'invite ensuite par tous les moyens à rechercher les bonnes "cartes", celles qui te permettront d'approfondir le problème, pour arriver à l'état d'esprit idéal, à savoir : "Je suis prêt, au plus profond de mon âme et de mon esprit, à mourir à tout instant, sans peur ni regret, mais heureux du chemin parcouru".

Maître Liu fit une pose. Ils en profitèrent pour méditer un instant autour d'une tasse de thé. Il n'aurait jamais pu imaginer que l'on puisse parler de la mort, un sujet devenu tabou, d'une manière aussi simple et détachée. Comme il aimait le faire dans ces phases de repos, Maître Liu lui conta une nouvelle historiette, à la manière des fables, toujours pleines d'enseignements.

"Un jour, un homme riche demanda à un grand maître, peintre et calligraphe réputé, d'écrire quelques mots pour que la prospérité de sa famille se transmette d'une génération à l'autre. Il écrivit alors ces trois phrases laconiques : le père mourra, le fils mourra, le petit-fils mourra.

Ce ne fut pas du tout du goût de notre homme. Il crut que le maître se moquait de lui : alors qu'il demandait des adages sur le bonheur, il enterrait déjà toute la famille. Le maître lui répondit : désolé, mais c'est une bonne sentence. Si votre fils meurt avant vous, vous éprouverez un profond chagrin. Si votre petit fils meurt avant vous, vous auriez tous les deux le coeur brisé. Par contre, si les membres de votre famille disparaissent dans l'ordre décrit, la vie se déroulera de manière naturelle. C'est ce que j'appelle la vraie prospérité. La mort est un état naturel, comme retourner chez soi, après un long voyage. N'est-il pas plus heureux de mourir en accord avec le cours naturel de la vie, que de subir une mort douloureuse".

Encore une fois, il fut frappé par la simplicité de la formulation de cet enseignement pourtant si fondamental . Maître Liu cessa de parler. Il se mit à respirer lentement, totalement concentré. Puis il reprit le paquet de cartes et en sortit une nouvelle carte rouge qu'il retourna sur le plateau.

"Cette carte décline la famille d'épreuves liées à la douleur, la souffrance. Tu découvriras qu'il n'y a pas de plus grandes souffrances que la souffrance mentale, surtout quand elle est liée à des blessures en relation à des émotions paroxystiques. Tu peux fixer ton mental sur une

douleur physique et te concentrer afin de limiter sa puissance, mais la douleur mentale n'a aucun support matériel quantifiable, ni palpable. Ce type de souffrance fait exploser le SHEN, l'esprit.

Il existe en médecine chinoise, cinq familles d'émotions majeures correspondant à l'énergie des cinq organes maîtres. Ces cinq émotions sont la colère qui appartient au foie, la tristesse au poumon, la joie au coeur, la réminiscence à la rate-pancréas et la peur aux reins. Il est normal de rire, de pleurer, d'avoir peur, de se mettre en colère, mais il faut absolument que tu évites qu'une émotion puisse prendre le dessus sur une autre. L'inter-dépendance de l'énergie des cinq organes maîtres permet leur auto-régulation et conditionne en même temps le contrôle des émotions. Si l'énergie d'un de ces organes se dérègle, une émotion devient dominante et exacerbée. Ces émotions excessives peuvent entraîner, au cours de la vie, différentes pathologies et surtout générer des problèmes au moment du passage sur la falaise d'en face. Tu dois donc absolument éviter les pensées obsessionnelles : la jalousie, la colère, la haine, pour accéder à une mort paisible et naturelle.

Comme je te l'ai déjà expliqué, la force de la médecine chinoise est d'avoir montré avec une avance de 2500 ans, cette inter-relation existant entre émotions, déroulement de la pensée et fonctionnement de chaque organe. La peur, l'angoisse sont à mettre en relation avec la source même d'auto-guérison permanente de ton corps et de son adaptation, à savoir l'énergie des reins. Or, une énergie des reins faible favorise l'apparition de ces émotions dévastatrices, et ce type d'émotions favorise l'affaiblissement de la batterie de l'organisme.

Parmi l'ensemble des émotions, la peur est à l'origine de l'apparition de la plupart des maladies internes que ce soit les cancers, l'hypertension artérielle, les différentes formes de dépression et bien d'autres. Cette épreuve peut te déséquilibrer très fortement sur ton câble. Tu dois apprendre à la dissoudre le plus rapidement possible.

Elle peut prendre différents formes. Avec la peur de la mort, la peur de la souffrance, de la douleur est celle qui provoque le plus de dégâts. Tu as pu te rendre compte que la notion de douleur est très subjective et qu'il est très difficile de la quantifier. Alors qu'une extraction dentaire peut se faire sans anesthésie sur les marchés arabes, la même pratique chez un occidental tiendrait de la torture. Les croyances religieuses, les us et coutumes, les modes de vie, vont directement influer sur la quantification de la douleur. Pour une même blessure, les réponses à la douleurs pourront être totalement différentes d'un individu à l'autre.

Il faut que tu saches que la douleur n'est qu'un signal d'alarme, qu'un symptôme parmi d'autres, et vouloir à tout prix l'arrêter, c'est comme si tu te contentais de déconnecter l'alarme d'une maison pour éviter de l'entendre sonner. En masquant la douleur, tu favorises la progression et l'aggravation progressive du mal que cette douleur annonçait.

On classe arbitrairement les douleurs en trois catégories : les douleurs directes, les douleurs indirectes, et les douleurs de type JING SHEN, liées à l'esprit dont je te parlais tout à l'heure.

Les douleurs directes sont due à des blessures, des endommagements externes par une agression localisée, que ce soit au niveau des membres, de la colonne vertébrale, des pincements nerveux. Ce sont des douleurs très violentes, qui apparaissent au moment de la crise, de l'endommagement du corps, très délimitées, avec un début très aigu. Rappelle toi le problème que tu as eu à l'oeil.

Les douleurs dites indirectes sont généralement liées à un dysfonctionnement des organes internes. Lorsque les oreilles, le nez, la gorge, le foie, la rate, les poumons, les organes en général sont atteints par une affection quelconque, de telles douleurs peuvent apparaître. Toutes les douleurs inflammatoires entrent dans cette catégorie. A l'inverse de la précédente, quand elle apparaît, cette douleur n'est pas très violente. Elle s'aggrave progressivement, comme une infection dentaire par exemple. Quand elle atteint son acmé, elle régresse lentement. Mais elle peut reprendre de nouveau, disparaître, un peu comme les mouvements d'une vague. Elle a une particularité qu'il faut connaître : elle peut augmenter au détour de perturbations émotionnelles. Ainsi une migraine peut s'aggraver si tu te mets en colère, si tu es contrarié. Nous entrons alors dans le cadre des douleurs dites psychologiques.

Tu dois toujours avoir à l'esprit que l'homme est fait de corps et d'esprit. Quand tu n'as pas de problème sur le plan physique, mais que tu es soumis à de fortes pressions psychologiques, ou, à fortiori, si tu es dans un état proche de la dépression, des douleurs peuvent alors apparaître dans ton corps, sans aucun support physique patent.

L'intensité de cette douleur, sa forme varie d'une personne à l'autre. Chez certains, elle peut être mêlée d'engourdissement, chez d'autres elle est comparable à une piqûre. Elle peut provoquer une sensation. d'oppression. ou de dilatation. Elle peut être erratique, se déplacer d'un endroit à l'autre, ou, au contraire, être fixe. Sans aucune source matérielle tangible, elle est à mettre en relation avec une perturbation émotionnelle ancienne.

Le paroxysme dans ce type de douleur est la douleur mentale, qui, elle, n'a aucune localisation fixe. Elle se situe directement au niveau de l'esprit. Cette douleur atteint parfois de tels sommets qu'elle peut réellement mettre en péril la vie de celui qui en souffre. Il n'a plus un seul moment de tranquillité, que ce soit de jour comme de nuit. Il est soumis en permanence à des phases d'angoisse suivies d'accès de colère contre lui ou son entourage. Seuls ceux qui sont passés par ce type d'expérience peuvent comprendre cette douleur, qu'on ne peut souhaiter à son pire ennemi. Face à une telle épreuve, certains renoncent à poursuivre leur parcours et se laissent choir dans le précipice. La falaise d'en face ne sera jamais atteinte. Pour la religion chrétienne, l'âme sera "jugée" au moment de la résurrection finale. Pour la philosophie bouddhiste, elle reprendra possession d'un nouveau câble sur lequel elle sera confrontée aux mêmes épreuves pour qu'elle apprenne enfin à les surmonter.

Je te disais un peu plus haut qu'un mal de tête pouvait être augmenté par un état de nervosité. Il faut que tu saches que lorsque tu ressens une douleur, si tu t'en inquiètes, tu vas focaliser sur cette douleur et la ren-

forcer. Tu dois au contraire te détendre, laisser ton esprit se relâcher pour déplacer le siège de la douleur vers un autre centre d'intérêt. Tu échapperas ainsi à l'engrenage, douleur, peur de la maladie, peur de la mort.

La peur engendre la production de toxines par l'organisme qui viennent empoisonner les muscles, la peau et les tendons. Tu n'as qu'à sentir la transpiration d'une personne angoissée, ou qui vient de subir une grosse peur. Ces poisons favorisent l'apparition de maladies. La majorité des lombalgies est dûe justement à "l'empoisonnement" des muscles situés au bas de la colonne vertébrale.

Tu devras donc positiver ta prochaine douleur, dire merci à ton corps de te prévenir à temps, avant qu'une pathologie plus importante n'apparaisse. Tu pourras alors mettre tous les atouts de ton côté pour éteindre un à un tous ces signaux d'alarme. C'est cela revenir à la racine du problème".

Maître Liu arrêta là son exposé et lui proposa de prendre le thé chez lui. Il en fut ravi, si curieux était-il de découvrir l'univers de son maître. Chemin faisant, son Maître revint sur le thème de la souffrance mentale, celle devant laquelle nous sommes le plus désarmés. Désirs excessifs, émotions exacerbées, passions inassouvies sont souvent les générateurs de ces douleurs de l'Âme, autant de cartes rouges à éviter.

Ils arrivèrent enfin chez Maître Liu. Il habitait une petite maisonnette toute simple qui, de l'extérieur, ne payait pas vraiment de mine. Le mobilier du cabinet laissait supposer un intérieur cossu, embourgeoisé. Dans la maison, Il n'y avait que le strict nécessaire. La pièce principale faisait office de salon et de pièce de travail : une table, des chaises tout autour, un petit canapé chinois, un bureau. Les murs étaient tapissés d'étagères, où trônaient des dizaines de livres rédigés en chinois.

Sur le bureau, à côté d'une fenêtre, il reconnut un bonzaï. Il connaissait l'existence de tels arbres, mais, jusque là, il n'en avait vu que sur des photos. Il fit remarquer à son Maître qu'il ne comprenait pas que l'on puisse atrophier un arbre, un être vivant. Maître Liu ne s'en offusqua pas. Il lui apprit que cet arbre était dans sa famille depuis trois générations, comme l'attestait l'épaisseur de son tronc.

Cet arbre a un peu plus de cent ans, crois-tu qu'il aurait survécu s'il avait été malheureux? Les tailles successives qui lui sont appliquées sont nécessaires à sa survie. En effet, si le feuillage prend trop d'ampleur et dépasse excessivement du pot, les racines ne peuvent pas suivre et l'arbre périclite. Tout comme l'être humain finit par se perdre dans ce Grand Jeu de la Vie, il épuise la racine de vie située dans les reins, s'il laisse en permanence échapper son YANG, s'il se disperse, sans jamais se recentrer.

Le bonzaï a besoin qu'on s'occupe de lui, que l'on change sa terre régulièrement, que l'on cantonne ses racines, qu'on l'arrose attentivement, et qu'on lui apporte une nourriture appropriée. Imagine que si l'un de mes ancêtres avait oublié cet arbre plus de 5 jours, il n'existerait plus aujourd'hui. Il ne serait pas là sur ma table.

La visite continua. Sa chambre ne comportait qu'une natte posée à même le sol. Un meuble bas où était disposé un petit autel consacré à ses ancêtres contenait une veilleuse et des baguettes d'encens. Devant, un coussin rond, très plat en faisait aussi un lieu de méditation. Sa chambre donnait sur une petite courette admirablement bien entretenue. Des plantes, dans de magnifiques poteries chinoises, y étaient savamment disposées. Tout engageait à la tranquillité et au calme intérieur.

Ils prirent une dernière tasse de thé et se quittèrent, en se donnant rendez-vous pour le lendemain.

Plus les jours passaient, plus il se sentait imprégné par cette culture du juste milieu, où tout semblait si simple, et en même temps si compliqué. Il avait l'intuition que ces quelques jours allaient transformer sa vie, qu'il n'aurait plus la même vision des "choses de la vie". Et dire que ses parents espéraient qu'il fasse des progrès en anglais !...

SIXIEME JOUR

SOLITUDE ET PASSION

"L'eau peut prendre n'importe quelle forme. Elle peut entrer dans les crevasses et encercler les montagnes. N'est-ce pas la preuve que ce qui est dur n'est pas nécessairement fort et que ce qui est souple est réellement fort ?"

"La modestie engendre l'amour et le respect des autres. Pensez au bonheur des autres et vos propres voeux seront réalisés."

"L'homme doit être ouvert et désintéressé. S'il peut dépasser l'idée de la vie et de la mort, il ne sera plus atteint par les insultes et les éloges et la peur disparaîtra."

"N'étalez pas vos capacités, on les remarquera d'autant plus. Ne pensez pas que vous avez toujours raison, vous n'en serez que plus populaire. Ne vous vantez pas et ce que vous ferez n'en sera que plus efficace. Abandonnez l'arrogance et vos actions n'en seront que plus durables."

"Les profondeurs de notre esprit sont translucides comme un miroir. Oublions notre intérêt personnel, nos désirs et déjouons les pièges du mental ; ainsi nous connaîtrons le monde."

Le lendemain, alors qu'il se rendait à son cours d'anglais, à la sortie du métro, un voleur à la tire lui déroba le sac qu'il avait en bandoulière. Il resta un moment pétrifié, sans réaction, avant de crier et de tenter vainement de se mettre à sa poursuite. Heureusement, il n'avait sur lui que quelques Livres anglaises, ses cours, et quelques babioles mais aucune pièce d'identité. Ce vol le mit pourtant en fureur. Pendant tout le cours, il ne cessa de s'en vouloir de ne pas avoir été assez prompt à poursuivre son voleur. Il avait eu peur, et se sentait lâche. Il ne put rien avaler à son repas de midi. Quand il arriva à cinq heures chez Maître Liu, celui-ci vit au premier regard que quelque chose le troublait. Il avait mal dans le creux de l'estomac et son teint était passablement verdâtre.

Maître Liu le fit allonger sur sa table. Après lui avoir piqué deux points au niveau des pieds, il lui massa le ventre. Il avait l'impression qu'une chaleur indéfinissable, une énergie puissante passait dans toutes ses cellules. Son estomac et ses intestins commencèrent à gargouiller. Le Maître lui montra ensuite comment respirer "par le ventre", ce qui le détendit totalement. Il était entrain de vivre très concrètement à quel point les émotions pouvaient jouer sur ses organes. Maître Liu l'aida à relativiser le vol dont il avait été victime. Il fallait l'interpréter comme un avertissement pour apprendre à se protéger, à s'adapter à la société dans laquelle il vivait. En choisissant son câble, il avait aussi choisi ce genre d'épreuves. Il ne lui restait qu'à pardonner, voire remercier son voleur pour la leçon reçue. Cela lui paraissait encore un peu difficile... Maître LIU lui annonça qu'ils auraient l'occasion de reparler du pardon.

Après quelques minutes de repos, et la chaleur d'un bon thé, Maître Liu ressortit le jeu et selon un cérémonial maintenant bien connu, il déplia le plateau sur lequel il replaça la "main" des 4 entités "HUN, PO, SHEN, SHEN et SHEN TI". Il posa devant lui la carte du câble qu'il avait choisi mais lui demanda de retirer une carte "balancier", arguant que les petites épreuves qu'il avait affrontées, avaient renforcé ses capacités d'équilibre. Il l'invita aussi à prendre une nouvelle carte "fil invisible". L'enseignement qu'il recevait, avait certainement développé sa vision spirituelle. Le jeu était à nouveau lancé avec ces nouvelles donnes. Il préleva alors une carte rouge.

"Cette carte s'appelle "solitude". Repartons sur la première falaise, avant ta naissance. Ce n'est pas un câble qu'il y a devant toi, mais des milliards de câbles, autant de câbles que d'individus qui ont séjourné sur cette terre, qui y séjournent ou qui y séjourneront.

En effet, la génétique moderne a pu mettre en évidence l'unicité de chaque être vivant. Même les jumeaux les plus ressemblants diffèrent ne serait-ce que par la combinaison de quelques gènes. Nous sommes tous des individus uniques, mais faisant partie d'un tout, et indissociables de toutes les autres existences.

Tu peux, à partir de ces constatations faire des hypothèses. Tu crois en Dieu, et c'est Dieu qui a choisi pour toi. Tu penses que c'est ton âme qui prend les commandes au départ ou les deux en même temps, le fait est qu'il y a eu choix d'un câble. On a choisi pour toi ou tu as choisi le câble que tu allais prendre à partir de cette première falaise, la longueur de ce câble, donc ta propre durée de vie et surtout les épreuves, les obstacles qui allaient être déposés tout au long de ce câble.

C'est en cela que l'on peut admettre la prédestination. Si tu es né au coeur de Londres ou dans un bidonville africain, tu n'auras pas les mêmes facilités au départ. Mais une fois que tu as posé le premier pas sur le câble, tu es totalement libre de ce que tu vas faire de ta propre vie.

Les juifs ne disent-il pas à ce propos que l'âme susurre au corps physique, à la naissance : "Chut, tu ne dévoileras rien de tout ce que tu connais." Ils prétendent aussi que le léger sillon que nous avons sous le nez est l'empreinte du doigt qui empêche de dévoiler la destinée.

Le corollaire de ce choix initial du câble qui sera notre vie, et c'est là que je veux en venir, est la solitude. De la naissance à la mort, tu es seul, face à toi même, seul sur ton propre câble. Parents, enfants, conjoints, amis sont sur des câbles proches de ton câble, mais ils ne sont jamais sur le même câble que toi.

A la naissance, c'est toi qui pousse ton premier cri et prend ta première inspiration. Personne d'autre ne le fait pour toi. Au moment du passage, à ton dernier soupir, ta dernière expiration, tu es seul face à toi même, spectateur de tous les événements qui se sont produits sur ton câble. Durant toute ta vie, tu es seul responsable de tes actes en pensée et en action.

Il y a un côté positif à cela. Personne ne peut entrer dans ton immense espace de liberté, dans l'insondable subconscient qui abrite ton Âme. Personne ne peut savoir ce à quoi tu penses, personne ne le pourra jamais. Quelle vertigineuse liberté, mais en même temps quel cadeau empoisonné, générateur de tant d'angoisses, et de tant de pathologies pour les non initiés !

En effet, combien sont ceux qui ont peur de se retrouver

seul, face à eux-même, ne serait-ce que quelques instants. Vous, occidentaux, avez perdu cette culture ancestrale qui consiste à se créer des espaces temps, de prière, de méditation, de relaxation pour percer les mystères de la vie et éradiquer la peur de la solitude. Pour ré-apprivoiser la solitude, source de grandes richesses spirituelles, il faut accepter de s'initier et surtout mettre en pratique la philosophie qui demande de vivre consciemment le moment présent.

Le concept de bipolarité YIN-YANG permet de mieux comprendre ce phénomène. Le YIN originel se trouve concentré au niveau de l'énergie des reins. Cette énergie est semblable à la veilleuse allumée en permanence, qui permet le fonctionnement de tout l'organisme. C'est une force très concentrée, très puissante. Elle est comparable à une graine qui, bien que très petite, peut donner naissance à un baobab. A l'opposé de ce YIN originel, le YANG, lui, est une force très volatile qui a en permanence envie de s'échapper du corps. Tout ce qui circule, tout ce qui est mouvement, pensée, parole, action peut être apparenté au pôle YANG.

Pour que l'équilibre soit possible sur le câble, il est important d'établir un équilibre entre ces deux forces YIN et YANG. Un YIN puissant peut retenir et empêcher que le YANG ne s'échappe. Or, dans nos sociétés occidentales tout est fait pour favoriser une faiblesse du YIN logé dans les reins et à contrario, exciter le YANG.

Pour accepter de se retrouver seul face à soi- même, il faut en avoir la force. Et si tu n'as pas cette force, si tu as peur d'être seul, tu te crées une infinité d'activités pour éviter de penser, pour éviter tout retour sur toi-même. C'est cette peur de l'unicité qui a favorisé l'apparition des sociétés dites matérialistes, en quête incessante d'encore plus de possessions.

Inversement, les orientaux développent de nombreuses pratiques pour accéder aux portes de ce que l'on appelle "l'esprit vide", qui permet à l'Âme la plus profonde de s'extérioriser et d'identifier toutes les cartes positives qui favorisent une progression harmonieuse sur le câble.

Citons pour exemple l'histoire d'un novice, placé très tôt dans un temple. La première année, tous les jours sans exception, il dut méditer, visualiser pendant une heure tous les détails du temple où il se trouvait. Chaque fois qu'une idée parasite se présentait, il devait la laisser passer, et se reconcentrer sur les moindres détails du temple. L'année suivante, il fut astreint à la même méditation quotidienne, mais plus restrictive. Il devait fixer son attention uniquement sur le clocher avec sa grosse cloche et les petites clochettes disposées tout autour. La troisième année, la méditation portait sur la visualisation uniquement de la grosse cloche dans tous ses détails, la quatrième année uniquement sur le gong. Et enfin, la cinquième année il était capable de faire le vide dans sa tête, dans son corps et dans son esprit.

Bien évidemment, tu n'as pas choisi le câble idéal pour te permettre un tel travail sur le mental, mais chaque fois que tu feras un pas dans cette direction, tu seras proche d'accepter l'évidence de ta solitude sur ton câble.

Je vais te donner un exercice très simple à faire. Quand tu rentreras ce soir dans ta famille, assieds toi sur une chaise, le dos bien droit ne touchant pas le dossier, les hanches, les genoux, les pieds formant un angle de 90°, les mains posées sur les genoux, pouces et index formant un cercle. Tes yeux doivent regarder dans le vague, sans fixer de point précis. Une fois confortablement installé dans cette position, ton seul travail au début est de suivre ta respiration, de te concentrer sur les mouvements automatiques d'inspiration et d'expiration sans penser à rien d'autre. Tu visualises l'air qui pénètre sans effort, et l'air qui ressort automatiquement de tes poumons. Chaque fois qu'une idée surgit dans ton esprit, tu n'as qu'à la laisser passer en te reconcentrant sur ta respiration. Tu crois sans doute que cet exercice est simple mais tu constateras qu'il te faudra plusieurs semaines, voire plusieurs mois, avant que l'envie de te lever au bout de quelques minutes ne disparaisse. Tu ne cesseras de te demander ce que tu fais là, quelle idée tu as eu de te livrer à un exercice aussi stupide... et oui, ce n'est pas si évident de se retrouver seul face à soi-même".

Maître Liu se tut quelques instants et prit de longues inspirations comme il l'avait fait chaque fois qu'il finissait de développer l'un des thèmes de son enseignement. Il l'imita tant il éprouvait le besoin d'apaiser son esprit sollicité par la puissance de ce qu'il entendait. Il ne se sentait pas seul, à cet instant, avec Maître Liu mais il savait que ces rencontres allaient prendre fin. Il pressentait la solitude qu'il aurait alors à affronter. Serait-il capable de mettre en application tout ce qu'il apprenait. Maître Liu lui sourit et dit :

"J'imagine quelles pensées t'agitent. Vis intensément cet instant, mesures la chance que tu as d'accéder à ces connaissances et laisses ensuite faire le temps. Tout ira bien. Je voudrais encore te parler de la quatrième et dernière carte rouge. Mais avant, pour te permettre de récupérer, je te propose une initiation à une vraie cérémonie du thé.

Le thé est la boisson quotidienne des asiatiques, d'une part par tradition, mais aussi et surtout pour ses immenses bienfaits. Il y a plusieurs façons de le consommer, soit en boisson pluri-quotidienne, soit sous forme de cérémonie. A l'instar des Qi Gong, du Tai Qi, il s'agit alors là d'une véritable pratique interne qui permet de créer ce pont entre le conscient et le subconscient le plus profond. Il existe différentes catégories de thés chinois, verts, oolong ou demi fermentés et noirs. Chaque catégorie de thé a sa propre cérémonie. En cette fin d'après midi, nous allons vivre une cérémonie de thé vert".

Maître Liu prépara devant lui une petite tasse très fine en porcelaine blanche, munie d'un couvercle et d'un dessous de tasse. Sur le même plateau se trouvait une théière elle-même en porcelaine posée sur un petit réchaud à alcool, pour faire bouillir une eau la plus pure possible. Il lui concéda que faute de pouvoir récupérer de l'eau pure de sources en montagne, il se contentait d'épurer le liquide à travers des filtres à charbon. Dans un petit pot, hermétiquement fermé, il lui montra des feuilles de thé vert, très aplaties, qui dégageaient un parfum suave et très délicat. Il apprit plus tard que ce thé se nomme Long Jing. Il sortit également une longue cuillère en bambou pour doser le thé, une petite serviette brune délicatement repliée pour tenir secs et propres les différents ustensiles et une petite spatule pour remuer les feuilles.

Maître Liu prit un moment pour méditer, se concentrer sur l'instant présent. Ensuite, il examina attentivement les feuilles sèches, leurs couleurs, leurs formes. Il imprégna ses narines de leur odeur. Il mit l'équivalent d'une cuillère à café dans la petite tasse en porcelaine blanche. Il y versa de l'eau froide jusqu'à les recouvrir soit à peu près un quart de tasse. Il la remplit ensuite d'eau bouillante. Il vida alors tout de suite cette tasse avant que les feuilles n'aient pu commencer à infuser en s'aidant du couvercle pour éviter qu'elles ne s'échappent avec l'eau. Cette première opération consistait donc à rincer et à réhydrater le thé. Il porta le couvercle à son nez pour en humer les odeurs qui s'y étaient fixées. Il put ainsi juger de sa qualité. Ensuite il versa à nouveau un peu d'eau froide pour éviter que les feuilles ne soient brûlées au fond de la tasse puis l'eau chaude. Il laissa infuser son thé deux à trois minutes. Puis il lui tendit une tasse et prit l'autre dans ses mains, avec une extrême lenteur et presque comme s'il tenait un objet sacré entre ses mains. Pas un mot n'avait été échangé. Ce breuvage très délicat n'avait rien à voir avec le thé qu'on lui servait au quotidien. L'ambiance, la finesse du goût, tout ce cérémonial le transportait dans une profonde paix intérieure. Le Maître fit une deuxième infusion, puis une troisième infusion sur le même thé. A chaque fois le goût et l'odeur qui s'en exhalait étaient différents. A chaque fois, il pratiquait les mêmes gestes avec autant de dévotion.

Après ce moment hors du temps, il se sentit rechargé comme après une bonne nuit de sommeil. Maître Liu rangea avec précaution tous les ustensiles qui lui avaient servi. Il se rassit en silence, l'invita à faire le vide en lui quelques instants avant de reprendre le Jeu. Il sortit alors la quatrième carte rouge. Sa couleur était plus vive, plus flamboyante que celle des autres cartes d'épreuves. Elle donnait envie d'être saisie et jouée. Il commença :

"Elle se nomme "Passion". Je t'ai parlé successive-

ment de l'épreuve de la mort, de la souffrance, de solitude face à soi même, je voudrais maintenant aborder avec toi une dernière épreuve, ou plutôt une dernière famille d'épreuves, qui peuvent être à l'origine de grandes souffrances et de déséquilibres dangereux sur le câble. Ce sont les épreuves liées aux désirs excessifs, aux passions et aux émotions exacerbées et débridées.

Depuis le début de nos entretiens, je t'ai expliqué qu'une des forces de la médecine traditionnelle chinoise est d'avoir démontré qu'émotions, déroulement de la pensée et fonctionnement des organes étaient étroitement liés. Cela veut dire que sur le câble que tu as choisi ou que l'on a choisi pour toi, déjà dès la naissance, tu auras certaines prédispositions. Physiquement, tu naît avec telle couleur d'yeux, telle forme de visage, telle couleur de peau Mais cela est vrai aussi pour les prédispositions liées à ton esprit, ton mental. Certaines personnes ont de manière innée un tempérament optimiste et d'autre un tempérament pessimiste. Un tempérament optimiste, plus que tout autre, a plus de facilités à surmonter les épreuves de son existence. Face à des événements graves, inquiétants, attristants, il réagit très convenablement, en restant confiant. On dit en médecine chinoise que naître avec ce type de tempérament est un vrai don du ciel. Ces personnes sont rarement déséquilibrées sur leur câble. Elles sont, en quelque sorte, vaccinées contre les maladies internes les plus graves comme les cancers ou la dépression.

La majorité des individus naissent, cependant avec ce que l'on appelle un caractère neutre. Il doivent alors cultiver et même se construire, peu à peu, ce caractère optimiste, grâce au travail du sourire intérieur, de l'altruisme, de la compassion, du pardon, de la concentration sur le moment présent.

Celui qui naît avec un caractère pessimiste inné est à la base pénalisé pour tout le restant de sa vie. Comme dans le cas d'un handicap physique à la naissance, il est quasiment impossible d'inverser ce caractère. Ce sont des personnes, en général, très introverties, qui gardent facilement leurs problèmes pour elles. Elles sont souvent habitées par un sentiment d'infériorité et ont peu de confiance en elles. Guettées par la neurasthénie, elles sont facilement la proie de maladies internes, en particulier des cancers. L'anxiété est leur émotion dominante. Particulièrement pessimistes, elles sont facilement abattues par les épreuves de la vie.

Les individus avec ce type de tempérament sont pratiquement hermétiques au langage de la raison. Tu peux essayer de leur faire voir les bons côtés de la vie, l'aspect positif des choses. Ils donnent l'impression d'adhérer à ton raisonnement, ton discours, mais ils finissent toujours par se laisser glisser vers une interprétation pessimiste des événe-

ments.

Outre ces deux grandes familles de tempérament "optimiste" ou "pessimiste", il existe une multitude de combinaisons possibles de nos tendances émotionnelles et comportementales, un peu comme un codage, une prédestination génétique.

Dans le Grand Jeu, tu tires la carte de ton tempérament sur la première falaise et tu te constitues ainsi un capital de points bonus, ou malus. Je te l'ai déjà dit, ce jeu n'est pas toujours une partie de plaisir. Quelle que soit la donne de départ, tu dois veiller à saisir toutes les cartes "chance" pour préserver ton équilibre.

Après les cartes des tendances innées tirées sur la première falaise, tu vas tout au long du câble tirer d'autres cartes, autant d'expériences vécues, d'acquis, de connaissances fournies par ton environnement, ta perception des événements, ton éducation.

Toutes ces acquisitions innées et acquises parfois contradictoires, finissent par déterminer un "caractère" et des tendances émotionnelles qui, dans certains cas, sont à l'origine de perturbations mentales qui créent un déséquilibre sur le câble originel. Je vais t'en donner brièvement ici, quelques exemples. A toi ensuite, par l'observation et la méditation, de les approfondir et d'en expérimenter la véracité.

Depuis ta naissance, tu génères des pulsions, des désirs. Les désirs de l'homme sont très complexes, beaucoup plus complexes que ceux des autres êtres vivants. Les désirs des animaux peuvent se résumer principalement à la satisfaction de leurs besoins primaires. Quand un lion a faim, il se met en quête de nourriture, mange et retourne dans sa tanière pour s'y reposer. Chez l'homme, c'est beaucoup plus compliqué. Les désirs humains trouvent leur origine dans la conscience acquise et le subconscient inné profond. Mais à chaque instant, ta conscience est capable d'arbitrer tes pulsions et de maîtriser tes désirs. A l'extrême, un lion qui meurt de faim n'hésite pas à manger sa lionne ou ses petits. Par contre, même si tu meurs de faim, ta conscience risque de s'opposer au fait que tu puisses manger un compagnon d'infortune.

Le désir matériel peut être source de bien des excès. Il est tout à fait normal de subvenir à tes besoins matériels de base. Si tu as faim, il est normal que tu te donnes les moyens de te procurer à manger. Il est normal que tu désires acquérir une maison pour t'abriter toi et les tiens. Il est normal de souhaiter avoir un jardin. Avec un peu de goût et d'imagination, tu peux créer un petit Eden et en faire un lieu de méditation, de calme. Mais ces désirs matériels, presque naturels, deviennent parfois excessifs, s'ils ne sont plus contrôlés par l'esprit.

Le désir de possession peut prendre aussi des formes démesurées. Il est normal d'aimer s'approprier des objets mais ce désir doit rester raisonnable. Je pense par exemple aux collectionneurs passionnés qui sont prêts à investir tous leurs loisirs, à dépenser des fortunes pour acquérir l'objet de leur passion. Je me rappelle de cet ami anglais qui collectionnait les objets des années 60. Il achetait tout ce qu'il trouvait en relation avec cette période. Quand il eut rempli sa maison d'objets hétéroclites, il fut obligé d'en changer pour une plus grande. Bientôt, il dut en acheter une deuxième pour les stocker. Ce désir obsessionnel finit par le rendre malade. A sa mort tout ces objets furent éparpillés dans des ventes. A-t-il perdu ou gagné dans le Grand Jeu de la Vie?...

Certains peuvent ainsi dépenser toute leur énergie à amasser des fortunes, en voulant toujours plus. L'accumulation des richesses devient une fin en soi. Ils deviennent des monstres d'égoïsme, s'éloignent progressivement des réalités de ce monde, abandonnent toute spiritualité. "Leur fil invisible" s'amenuise. Ils perdent peu à peu pieds sur leur câble et peuvent sombrer dans la folie.

Le désir de gloire fait partie du même registre. Certains aiment plus que tout être admirés, reconnus, flattés dans leur ego. Ils ont toujours besoin de se sentir supérieurs aux autres. Ils recherchent l'exploit pour être couverts de louanges. Ils aiment être flattés. Ils ont besoin de croire qu'ils sont célèbres et ne peuvent s'empêcher de manipuler les autres pour asseoir leur pouvoir. Il est tout à fait normal de tendre vers une certaine ascension sociale, vers une certaine reconnaissance pour les résultats de nos actions, encore une fois, quand cela reste dans de justes proportions.

Je me rappelle à ce propos d'une petite histoire que me racontait mon père : "Un jour, un moustique atterrit sur la corne d'un boeuf. Il y resta là, un très long moment. Et, enfin il décida de partir. Ils se mit devant les yeux du boeuf et lui dit : "Désolé, je ne puis te tenir compagnie plus longtemps.." Le boeuf en souriant lui répondit : "j'ignorais que tu étais là. Tu es tellement petit que je n'ai pas senti ton poids. Peu m'importe donc que tu partes". Cette petite histoire pour dire que les gens surestiment souvent leur importance. Ils en ont plus à leur yeux qu'aux yeux des autres.

Ce désir va souvent de pair avec le pouvoir financier. Il est normal de vouloir acquérir un minimum d'argent, d'avoir une situation socialement stable, de détenir une dose de pouvoir. Mais dès que cela dépasse un certain seuil, cela devient pathologique. Ce désir peut tellement gonfler chez certains, qu'ils pensent que tout peut s'acheter, même les individus. Ils jouent des failles, des faiblesses des autres, savent mettre le prix pour se les approprier. Ce pouvoir renforce leur besoin de se sentir plus fort que tous. Ils en arri-

vent à écraser leur entourage, parfois par plaisir. Ils sont si jaloux de leur puissance qu'ils finissent par penser que le monde entier leur en veut. Ils glissent lentement vers la paranoïa. Ils ont définitivement coupé tout lien avec les câbles qui les entourent. La recherche inconsidérée de gloire, de pouvoir et d'argent, de célébrité tend en permanence l'esprit vers ces seuls buts. Cependant, il faut que tu saches que la vie n'est jamais linéaire. Ce qui est en haut un jour peut toujours se retrouver en bas. Quand un tel individu descend d'un cran dans l'échelle sociale, que sa situation financière se détériore, il a alors l'impression de tout perdre. Son état émotionnel en est très affecté. Il devient facilement irascible, dépressif et vacille dangereusement sur son câble.

La jalousie est un autre exemple de dispersion mentale. Admettons que ton tempérament inné t'ai donné plus de sensibilité et que ton altruisme naturel te pousse à te mettre en permanence à la place des autres. Ton conjoint te fait des infidélités. Ta perception intuitive des réalités te met en face du fait accompli. A tout moment de la journée, tu te demandes ce qu'elle fait, si elle te trompe, si elle s'amuse avec un autre que toi, si elle va te quitter définitivement. Tu échafaudes des images, des situations qui n'ont souvent rien à voir avec la réalité. Comme bien d'autres sentiments négatifs, ce sont des constructions mentales qui se servent des expériences du passé pour tenter de savoir ce qui va se produire dans l'avenir. En cela, tu négliges le moment présent.

En effet, qu'elle fait à un moment donné, sans toi, ne peut oblitérer la qualité de ce que tu vis toi-même au même moment. Si son câble doit s'éloigner du tien, cela a un sens pour elle, comme pour toi. Il se peut aussi que tu aies à rencontrer un autre câble ou que cette épreuve soit nécessaire pour renforcer votre relation.

Je ne t'ai parlé ici que de quelques déviations du mental qui peuvent à la longue t'empêcher d'arriver sur la falaise d'en face. Il existe encore bien d'autres.émotions excessives qui constituent de véritables épreuves, comme la colère intériorisée ou extériorisée, la tristesse, l'abattement. Quand il y a eu frustration, que les désirs sont restés insatisfaits, on se retrouve dans une situation d'échec. On dit en médecine chinoise qu'il y a "une chute du SHEN", de l'esprit, entraînant un profond désarroi. Cela entraîne, entre autres conséquences, une stagnation, une entrave dans la libre circulation du sang et de l'énergie. C'est une porte ouverte à l'apparition de très nombreuses pathologies comme les cancers, l'hypertension artérielle, les dépressions nerveuses.

Face à ce type de problème, le travail sur soi, devient primordial. Revenir à la racine du problème, appliquer des méthodes pour changer de point de vue, reprogrammer l'esprit, le Shen, prévient la chute dans le précipice. Ces méthodes sont toujours les mêmes : s'entraîner à la méditation, à la concentration pour passer en revue toutes les facet-

tes du problème, recharger la batterie des reins pour augmenter les défenses immunitaires, et surtout les facultés d'adaptation et l'immense pouvoir d'auto-guérison de l'organisme, par l'intermédiaire d'exercices de respiration consciente, de Qi Gong, d'une diététique équilibrée, d'un bon sommeil, de relaxation, reconsidérer la solidité de son fil invisible, tout autant de moyens qui permettent de surmonter toute épreuve.

N'oublie pas que ces désirs, ces passions, ces émotions naissent avec la vie, n'apparaissent que sur le câble, et n'existent pas sur les deux falaises. Ces défauts moraux n'ont pas d'existence intrinsèque et ne sont que constructions mentales, aussi pérennes qu'un château de sable au bord de mer. A la moindre vague, ils sont balayés. Les mandalas tibétains usent du même symbole, lorsqu'ils élaborent ces célèbres tableaux faits de sables de différentes couleurs. Il faut des mois pour faire, ce qui se détruit en quelques secondes.

En effet, si tu pars du principe que ces émotions sont vides d'existence propre, qu'elles ne sont que le reflet de ta faiblesse, l'exacerbation de tes fatigues du moment, concentre toi sur le moment présent pour éviter à partir d'un grain de sable de construire un château de sable virtuel.

Je te concède que ce n'est pas si facile, qu'il faut beaucoup de travail pour arriver à un tel détachement. Une fois ce détachement acquis, tu peux alors atteindre ce que certains appellent l'illumination ou le nirvâna. Si tu te concentres sur la beauté d'une rose, pendant ce court instant, tu oublies tout. Ton travail va consister à prolonger cet instant présent à l'infini pour définitivement dissoudre les émotions négatives qui polluent ton esprit".

Maître Liu se tut. Il était déjà tard, et l'étudiant devait se dépêcher pour ne pas arriver en retard au dîner.

Le soir avant de s'endormir, il se remémora tout l'enseignement qu'il avait reçu dans la journée. Avant de se coucher, il avait bien essayé de s'asseoir comme Maître Liu le lui avait indiqué afin de s'initier à la méditation, mais deux minutes après, il était déjà debout, repoussant à plus tard ce type d'expérience.

Maître Liu était sûrement un peu devin pour avoir justement choisi la jalousie comme exemple des déviations émotionnelles. L'étudiant était en plein dépit amoureux. Quelques semaines auparavant, il était tombé amoureux d'une élève de sa classe. Il n'avait jamais osé faire le premier pas. Un de ses amis l'avait fait avant lui. Pour la première fois de sa vie, il sut ce qu'était la jalousie. Il éprouvait de la haine pour son copain. Il y pensait en permanence, les épiait sans cesse, les imaginait ensemble, échafaudait des plans. Ce soir-là allongé sur son lit à Londres, après une journée d'enseignement intense, il se rendit compte que, depuis son arrivée, il n'y avait pas pensé une seule fois. Il comprit ce que signifiait "construction mentale" et "illusion des émotions". Il en éprouva même un contentement qui l'étonna. Il avait l'impression d'un déclic dans son cerveau. Il comprenait que seul son ego avait été blessé dans cette affaire. Il savait maintenant qu'il pourrait les revoir d'un façon complètement sereine, et sans aucune animosité. Il s'endormit heureux, l'esprit libéré des chaînes mentales qu'il s'était créées.

SEPTIEME JOUR

JUGEMENT ET PERTE

"Les choses ne vont pas toujours comme on les souhaite. Nous ne pouvons pas changer les choses extérieures à nous, mais nous pouvons nous changer nous-mêmes. Très souvent le même but est ainsi atteint. La montagne ne bouge pas ; les gens peuvent bouger. Le cours d'eau ne peut s'inverser, mais le bateau le peut."

"Ne vous préoccupez pas de l'univers, ne vous souciez pas de savoir pourquoi le monde est né. La vie et l'amour sont la vie et l'amour; un bouquet de bleuets est un bouquet de bleuets. Il n'est pas utile de se préoccuper en permanence des questions futures."

"Les expériences sont jugées de façon subjective. La conscience par contre conditionne notre monde sensoriel. Lorsque que quelqu'un a un point de vue, il ne voit plus les choses telles qu'elles sont, sous ses yeux. Ne limitez pas la vision du monde à votre ancien point de vue. Alors le monde présentera son esprit véritable d'une manière nouvelle juste devant vous."

Le ciel et la terre sont éternels,
ils n'ont pas de vie propre.
Voilà pourquoi ils sont éternels.

Ainsi, la première place
revient au Sage
qui a su s'effacer.

En oubliant sa personne,
il s'impose au monde.

Sans désir pour lui même,
Ce qu'il entreprend est parfait.

Il s'était assis
à la dernière place.
C'est pour cela qu'il se retrouve
à la première.
(Tao Te King)

C'était le septième jour. En symbolique chinoise ce chiffre a une grande importance. Il a des rapports privilégiés avec le Un d'où sont issus les dix mille êtres. Il correspond énergétiquement au chakra du sommet de la tête. C'est de là que part le fil invisible dans le Grand Jeu de la vie qui nous relie au ciel. Il invite à développer la prise de conscience personnelle afin de trouver l'unité intérieure à travers un cheminement personnel fait de persévérance et d'application.

Il arriva à l'heure habituelle. Il se demanda pourquoi il avait toujours rendez-vous à cinq heures ? Il se hasarda à poser la question à son maître.

"Je vois que tu commences à me connaître. Si j'ai choisi cette heure ce n'est pas pour me plier au rituel du thé anglais, mais effectivement pour ouvrir ton esprit à un enseignement qui dépasse de loin tout ce que tu as pu apprendre jusqu'à maintenant : le symbolisme. Ce n'est pas un hasard si je te fais venir tous les jours à la même heure. 5 est l'un des nombres les plus importants de la mystique chinoise. Les nombres impairs sont dits "masculins". 5 correspond au 5 points cardinaux, les 4 points que tu connais, plus le centre. Il correspond aussi aux 5 saisons, (on rajoute en effet l'été indien), aux 5 éléments, aux 5 sons, la musique chinoise étant une musique pentatonique. Toute la vie des taoïstes est bercée par ce chiffre : les 5 coutumes, les 5 variétés animales, les 5 relations entre les hommes, les 5 qualités morales etc..."

Jusqu'à présent le Maître s'était borné uniquement à un enseignement oral, sans crayon ni papier. Ce jour-là, il traça sur une feuille de papier un carré. Il fit ensuite deux verticales et deux horizontales.

4	**9**	**2**
3	**5**	**7**
8	**1**	**6**

Ce carré était pourvu de neuf cases. En haut à gauche, il inscrivit le chiffre 4, en haut à droite, le chiffre 2, en bas à gauche le 8, en bas à droite le 6. Entre le 4 et le 2, il plaça le 9, entre 8 et 6, le 1, entre 4 et 8, le 3, et entre 2 et 6, le 7. Enfin dans la case du centre restée libre, il mit le chiffre 5.

Il plaça cette feuille au centre du plateau du Grand Jeu et reprit .

"Chez les taoïstes, ce carré s'appelle "le carré magique". En haut, le 9 correspond à la tête, 6 et 8 aux pieds, 4 et 2 aux épaules, 3 et 7 aux bras. Le 5 est le centre d'équilibre du corps. On peut aussi dire que le 9 correspond au sud. N'oublie pas que les chinois se trouvent dans l'autre hémisphère et que notre nord se trouve être le sud pour eux. 9 représente le moment où le soleil est le plus haut dans le ciel ; c'est midi. Le bas, le 1, correspond au nord, quand le soleil a complètement disparu, c'est à dire minuit. C'est à midi, au 9, que l'énergie YANG est au maximum; à minuit, au 1 qu'elle est au minimum.

Si l'on considère le cycle des saisons sur une année, c'est en hiver, au 1, que l'énergie YANG est au minimum, et en été au 9 qu'elle est la plus importante. Si l'on suit le cycle du YANG pendant une journée, il débute au chiffre 1, à minuit, quand il est le plus faible. L'énergie YANG croit alors par multiple de 3. Quand elle monte à l'est, on passe par 3 x 1 = 3. Quand elle croit encore, elle passe par 3 x 3 = 9. Au 9, à midi, l'énergie YANG est très importante. Ensuite, elle passe par 3 x 9 = 27. Les chinois ne conservent qu'un seul chiffre, le 7. De 9 on passe donc à 7 qui correspond à l'ouest. L'étape suivante est 3 x 7=21.

On ne conserve que le 1. Nous sommes donc passés successivement par 1, 3, 7,9,1. Cette progression décrit le mouvement de l'énergie YANG dans une journée.

Quelle est celle du YIN ? Elle correspond aux chiffres 2, 4, 8, 6. Le YIN vient de la main droite, 2. puis, 2 x 2 = 4, puis 2 x 4 = 8, puis 2 x 8 = 16, donc 6. Enfin 2 x 6 = 12 ; on garde le 2. C'est le point de départ.

Le YANG croit dans le sens des aiguilles d'une montre, le YIN dans le sens inverse.

Si on additionne ces chiffres verticalement et horizontalement, on trouve toujours le même total 15. De même, si on les additionne dans les diagonales, le total des extrémités est 10. La moitié de la somme est toujours 5.

5 est donc le centre. Il correspond à l'équilibre parfait. C'est le milieu entre midi et minuit, entre l'hiver et l'été. Tout ce qui est au milieu entre deux extrêmes est égal à 5. 5 est l'équilibre idéal entre le YIN et le YANG. Quand ils se rencontrent, ils s'équilibrent.

Si j'ai passé un peu de temps à t'expliquer la symbolique de ce carré, c'est pour mettre en avant l'importance de cette voie dite du juste milieu. C'est l'équilibre qui t'aide à tenir sur ton câble. Grâce à lui, tu peux prendre le temps de résoudre une à une toutes les épreuves. Voilà pourquoi j'ai choisi de te recevoir tous les jours à cinq heures. Chaque événement a le sens que tu peux aussi choisir de lui donner. Je pense que dorénavant, cet horaire aura pour toi une tout autre signification que celle d'ingurgiter des sucreries autour d'une tasse de thé alibi.

Je t'ai maintenant donné tous les éléments du Grand Jeu de la Vie. Je voudrais une dernière fois en poser le principe. Le support matériel que j'ai créé te permet d'en visualiser le concept :
- le plateau avec les deux falaises et le précipice.
- la donne initiale composée des 4 cartes des 4 entités du corps et de l'esprit,
- la carte "câble" qui symbolise la vie,
- la carte "balancier"ou les outils de la prévention,
- la carte "fil invisible" qui te relie aux forces spirituelles,.
- les cartes "chances" ou bonus qui te permettent de dissoudre les épreuves, les bonus qui favorisent ton équilibre,
- les cartes rouges qui représentent les épreuves et parmi elles 4 cartes particulièrement dangereuses : la mort, la souffrance, la solitude, les passions,
- le "carré magique" qui donne l'orientation, trace la

voie du juste milieu.

Je voudrais maintenant te parler des conséquences de l'existence de ce jeu dans tes relations avec les autres. Ne t'est-t-il jamais venu à l'esprit, surtout ces derniers jours, en voyant un voisin, un simple passant que tu aurais pu naître lui, que tu aurais pu emprunter son câble, que tu aurais pu être lui. Tu aurais pu effectivement naître dans une autre famille, avec une autre couleur de peau, dans un autre pays, dans une autre condition sociale. Si cette vision ne te heurte pas, alors tu dois en tirer un immense enseignement.

Tu devras dorénavant t'abstenir, quelles que soient les circonstances, de porter un jugement sur autrui, à fortiori s'il s'agit d'un jugement négatif. En tant qu'individu unique, mais aussi totalement inter-dépendant des autres individus, tu te jugerais toi-même puisque tu aurais pu naître lui.

Si tu croises le câble d'une personne, dont tu n'approuves pas le comportement, que tu juges dangereuse pour ton équilibre, tu peux t'en éloigner, t'en séparer. Mais ta connaissance du Grand Jeu doit te permettre de lui pardonner. Si tu en as la force, si tu possèdes le don précieux qu'est l'altruisme, tu peux aller vers elle et l'aider à résoudre son propre problème.

Une société a le droit et le devoir de protéger l'ensemble de ses câbles contre des individus qui peuvent être momentanément néfastes. Cependant le jugement doit être rapide et circonstancié. En effet, 4, 5, 10 ans après le même individu a peut-être résolu son problème, évolué, et n'a donc plus, en tout état de cause de dangerosité.

Tu apprendras tout au long de ton chemin initiatique que nous possédons tous une arme absolue contres les conflits, les guerres, les haines et les désirs de vengeance, en plus du dialogue, cette arme est le pardon.

Je vais te raconter une histoire très connue en Chine, qui te servira de point de repère tout au long de ta vie. Elle va te rappeler le vol de ta sacoche à la sortie du métro et tes premières réactions.

L'homme se promène tranquillement dans la rue, quand, sans aucune raison apparente, un individu, passant à côté de lui, le heurte violemment sans s'excuser.

S'il est malingre, faible et l'agresseur beaucoup plus fort que lui, il ne peut répondre à l'agression. Il intériorise alors sa colère, bloque ses émotions, ressasse l'incident et génère en lui un désir de vengeance. Si ce genre d'incident se reproduit souvent, les mêmes causes produisant les mêmes effets, ses sentiments finissent par installer des phénomènes de blocage et de stagnation, portes ouvertes au déclenchement de cancers ou de dépressions.

S'il est beaucoup plus fort que son agresseur,. sa colère monte comme un volcan. Il se fait justice sur le champ. Son acte risque d'avoir de fâcheuses conséquences : vengeance, engrenage de la violence. Si ces montées de colère sont répétitives, elles peuvent déclencher chez lui des pathologies type hypertensives ou cardiaques.

S'il a déjà été initié au Grand Jeu, il a déjà réfléchi sur les lois qui régissent la Vie. Il décide, sans même réfléchir, de pardonner à son agresseur, de faire comme si rien ne s'était passé. Ce trait de caractère est un vrai don du ciel, une véritable carte "chance" attribuée à de rares privilégiés du "Grand Jeu de la Vie".

On pourrait penser que son pardon est en fait un acte égoïste ou de lacheté. S'il répondait à son agresseur par le dépit ou la colère, il lui permettrait de gagner deux fois : une fois au moment de l'acte, et ensuite, à long terme, en déclenchant chez l'agressé toute une série de symptômes. En pardonnant, il se protège donc lui-même

On peut penser aussi que si l'agresseur l'a bousculé sans le faire exprès, il a eu raison de pardonner.

Si c'était un acte d'agression volontaire, se met en marche la fameuse loi qui veut que tout mal fait sciemment à autrui se retourne toujours, tôt ou tard, contre son auteur. Cette loi universelle, cette règle du jeu de la vie, se trouve en permanence démontrée. Il a encore une fois eu raison d'éviter d'être le bras de ce retour de bâton.

Enfin, si son fil invisible est déjà bien consolidé, s'il est en relation direct avec le ciel, non seulement il lui a déjà pardonné par avance, mais en plus il fera le geste d'aller vers lui, de le comprendre, de lui trouver toutes les excuses possibles et même de tenter de l'aider à dissoudre son épreuve. Je reconnais que cela n'est pas donné à tout le monde.

Dans tous les cas, pardonner est la démarche la plus sûre pour rester en équilibre sur le câble, la plus évoluée aussi sur le plan spirituel. Tu te rendras très vite compte que le pardon est une exigence quasi permanente, qui demande beaucoup de recul et de travail sur soi-même.

Demain, nous nous verrons pour la dernière fois. Je reviendrai sur la différence entre ce que j'appelle le faux altruisme servant à flatter son ego et le vrai don de soi. C'est un sujet qui me tient à coeur".

Maître Liu se mit à sourire. Son expression exprimait la bienveillance et aussi un peu de malice.

"Je mesure le trouble qui est le tien à l'idée de cette dernière rencontre. Tu as appris tant en si peu de temps. Lorsque tu seras rentré chez toi, je te conseille de prendre chaque jour le thé à 5 h pour recréer les conditions de mon enseignement et méditer sur le Grand Jeu de la Vie. Nos câbles seront toujours sur la même fréquence et tu pourras me contacter chaque fois que tu en éprouveras la nécessité ou l'envie. Pour aujourd'hui, je te dis à demain à cinq heures...

HUITIEME JOUR

DON DE SOI

"La vie est comme un marathon : serrés épaule contre épaule, les coureurs avancent avec une seule pensée en tête! Même si une destination commune apparaît, elle est uniquement reflétée par les autres et n'est pas forcément adaptée à chacun. Nous devrions d'abord nous écarter du parcours et nous demander : Qui suis-je? Que veux-je faire? Quels sont mes points forts? Puis, une fois notre but fixé, nous pouvons emprunter le parcours qui nous convient."

"Si vous êtes un marteau, tapez de toutes vos forces. Si vous êtes une enclume,soyez ancrée et immuable comme une montagne. Si vous êtes un poisson, réjouissez vous de nager dans l'eau. Si vous êtes un oiseau, volez librement dans les airs."

"Où que vous soyez, vous êtes l'environnement lui même. A n'importe quelle époque, vous êtes le temps lui même. Chaque époque et chaque endroit sont différents, de façon unique. Il n'est pas nécessaire de les comparer avec d'autres espaces-temps. Il suffit de profiter simplement du présent".

Il assista pour la dernière fois à son cours d'anglais. Il avait, pendant ce séjour, visité de nombreux monuments : l'abbaye de Westminster, la Tour de Londres. Il avait même navigué sur la Tamise... Il s'était vraiment immergé en pays anglophone et avait certainement progressé en anglais. Ses parents seraient contents. Pourtant, c'est dans le quartier chinois qu'il décida de faire quelques emplettes pour sa famille. Il était à Londres mais c'est là qu'il avait vécu les moments les plus intenses, c'est de là qu'il voulait ramener des souvenirs.

Il avait hâte de retrouver son Maître et pressait le pas quand il entendit un violent coup de frein derrière lui, suivi d'un bruit sourd. Il se retourna. Il avait toujours été curieux de nature. Déjà un attroupement se formait autour de la voiture. Il entendit alors un cri de femme à déchirer le coeur. Son enfant venait de se faire renverser par un taxi. Il gisait inanimé sur le sol, sans blessures apparentes. Du sang coulait de ses oreilles et de son nez. Il se rendit compte alors de la gravité de l'accident et se demanda même si l'enfant n'était pas déjà en route pour la falaise d'en face. Il était bouleversé, plus peut-être encore par la souffrance de la mère que par le corps inanimé, allongé sur le sol.

Quand il retrouva Maître Liu, une heure plus tard, il était encore très pâle. Il lui raconta toute la scène. Le fait d'en parler lui fit beaucoup de bien, un peu comme s'il avait vidé un trop plein d'émotion.

Maître Liu le fit allonger sur la table de soin. Il ne le piqua pas, mais lui massa avec force des points sous la plante du pied, sur le côté des genoux et au niveau du poignet. En quelques minutes, ses nausées et son mal au ventre qu'il ressentait depuis l'accident disparurent. Il sentit que ses mains et ses pieds se réchauffaient à nouveau, un peu comme si son sang et son énergie se remettaient à circuler librement.

Ils débutèrent alors une dernière cérémonie de thé. Il commençait vraiment à y prendre goût. Il avait d'ailleurs fait une provision de thé vert chinois dans une échoppe voisine. En le voyant changer ainsi ses habitudes, ses parents allaient sûrement se demander ce qui lui était arrivé !

Maître Liu installa le Grand Jeu devant lui.

"Je t'ai parlé longuement des cartes "chance", de ces perches qui nous sont en permanence tendues. Aussi paradoxal que cela puisse paraître, ce que tu viens de vivre en est une. Ce tragique accident me donne l'occa-

sion de te parler de la mort des nouveaux nés ou des jeunes enfants. Il est sans doute un peu tôt pour toi d'être confronté à ce type d'expériences malheureuses, mais tu as tiré cette carte aujourd'hui. Jouons la donc.

Tu seras confronté tout au long de ton câble à des événements qui te paraîtront intolérables et te feront même te détourner de toute croyance divine, si tu en as une.

Imagine que l'enfant que tu as tant attendu, que tu as chéri, élevé, commencé à éduquer, meure subitement dans un accident de voiture, dans une guerre ou d'une quelconque maladie. C'est l'une des épreuves les plus cruelles, les plus injustes que tu pourrais vivre.

Tôt ou tard, tu perdras tes grand-parents, tes parents. C'est dur. Tu seras chaque fois confronté au problème de la mort, de l'attachement, de la peur de la solitude. Pourtant, cela reste du domaine de l'acceptable puisqu'ils sont en fin de parcours et qu'inéluctablement, ils doivent accomplir l'épreuve du passage. Mais un enfant ! Quelle injustice !

Nous pouvons être certains que ces enfants ont atteint la falaise d'en face. Leurs courtes vies correspondent en fait à un dernier parcours à faire sur un câble très court. Mais quelle terrible malheur pour les parents! L'épreuve est trop difficile et ils renoncent à toutes les perches qui leurs sont tendues. Ils se laissent tomber dans le précipice. Si au contraire, ils acceptent l'idée que ces enfants deviennent les anges gardiens de leur vie. L'épreuve les transcende, soude le couple éternellement. Ils se tissent une corde d'argent qui les amènera sans encombre sur la falaise d'en face".

Maître Liu fit une pose et reprit.

"Comme promis hier, je veux conclure nos entretiens sur les thèmes de l'altruisme, la compassion et l'amour. Ce que je t'ai enseigné doit permettre à ces valeurs de s'épanouir en toi. Le regard que tu porteras autour de toi risque d'être totalement différent, mais ce n'est pas sans danger.

Nous vivons à une époque où nous nous sommes éloignés de la voie du juste milieu. Une époque ou le YIN et le YANG, le bien et le mal se dissocient, s'écartent l'un de l'autre. Nous sommes dans le grand cycle de la vie, dans la période des contrastes. Il n'y a jamais eu autant d'oeuvres caritatives, de bonnes paroles prêchées. Inversement, il n'y a jamais eu autant de haine, de déferlement de violence, de colère, de désir de vengeance. Ces deux opposés risquent d'aller jusqu'à la confrontation.

Un nouvel équilibre s'installera porteur de paix et de bonheur.

La tentation est grande, dans ce contexte de vouloir aider son prochain, de s'impliquer dans des actions altruistes dans le Tiers Monde par exemple. Certains partent très loin de chez eux pour aider d'autres peuples, dans d'autres contrées. Il faut savoir que le risque est très grand pour leur propre câble, et qu'il vaut parfois mieux, dans un même élan, aider son voisin de palier.

Tu dois te poser la question essentielle. Est-ce que ton altruisme n'existe que pour flatter ton ego, pour échapper aux contraintes de la vie quotidienne ? Au contraire tes actes sont-ils mués par une vraie force intérieure ? Cette force, décuplée par la connaissance, est-elle de celles qui te font considérer ton prochain comme étant une partie de toi-même? Si c'est le cas, demande-toi aussi si tu as vraiment les capacités d'assumer une telle vocation.

Je connais une infirmière qui s'est engagée dans une organisation caritative, sans s'être réellement préparée, et surtout sans avoir réfléchi sur le sens de sa vie, sans avoir développé et consolidé son fil invisible. Devant tant de souffrance et d'adversité, elle a renoncé au bout de quelques semaines. Elle est revenue chez elle, meurtrie, très déprimée par ce qu'elle avait vu mais aussi par son échec. Elle est dangereusement déséquilibrée sur son câble.

Ce type de démarches convient à ceux qui ont renforcé le fil invisible au point qu'il ne puisse plus se rompre. La spiritualité est le sens de leur vie. Ils peuvent effectivement se pencher au delà de leur câble, un peu comme un équilibriste arrimé par une corde derrière son dos, sans risque de tomber dans le précipice.

Les thérapeutes sont confrontés à cette même problématique. En permanence, il convient de donner- se recharger- donner- se recharger. C'est ce que j'appelle l'égoïsme salvateur. N'oublie pas : tu te dois de t'occuper de ta propre maison pour donner la force à ton âme et ton esprit de dispenser sa sagesse sans risquer de perdre pied. C'est aussi cela un des grands sens de la vie, une des grandes raisons de l'existence de ce jeu".

Maître Liu se mit à ranger le Jeu dans sa boîte, reprenant avec précaution chacun de ses composants. Il le regarda avec intensité et lui tendit le magnifique objet.

"Prends le Jeu. Tu l'as trouvé dans ma boutique. Il

est à toi. Quant à moi, je ne dois être pour toi que le transmetteur d'un savoir plusieurs fois millénaire. Nous avons partagé des heures précieuses qui, j'en suis sûr, vont modifier le cours de ta vie. Mais tu dois continuer ton parcours sans moi. Je ne suis pas une perche gluante, de laquelle tu ne pourrais plus te détacher. Je te l'ai déjà dit. Tu sais où me trouver si vraiment tu en éprouves le besoin"

NEUVIEME JOUR

EPILOGUE

"On ne doit pas faire de bien dans le but d'en tirer avantage. Il n'y a aucune raison d'honorer celui qui agit pour mériter."

"Les mots sont comme un doigt pointé vers la vérité. En général, nous ne voyons que le doigt. La vérité se trouve au delà de notre doigt."

"Il est impossible de tout expliquer par les mots. Ceux qui comprennent le Tao ne peuvent l'expliquer clairement à ceux qui l'ignorent. De la même façon, un homme qui voit ne peut expliquer le soleil à un aveugle."

"Le Principe du sage est : "Bénéficie sans nuire"; ainsi il agit sans compétition. Il cultive la voie de ne jamais combattre pour quelque raison que ce soit. Celui qui donne est plus riche que celui qui reçoit. Ne pas combattre pour l'honneur et la renommée est une grande vertu."

"Bien que l'eau soit douce et faible, elle peut détruire les objets solides et vaincre les grands obstacles. Douceur et faiblesse sont indestructibles et triomphantes face à la force et à la dureté."

Epilogue

Il n'avait pas réussi à trouver le sommeil. Tant de choses se bousculaient dans sa tête. Il avait soigneusement préparé ses bagages et surtout emballé avec beaucoup de soins le cadeau d'adieu de maître Liu : "Le Grand Jeu de la Vie".

En comptant le jour de son départ, dix jours venaient de passer à la vitesse d'une étoile filante. C'était court dans le temps, mais d'une telle densité qu'il avait l'impression de revenir d'un voyage de plusieurs mois.

Il avait hâte de retrouver ses parents, sa famille. Il avait tellement de choses à leur raconter. Il voulait profiter encore de chaque instant, se concentrer sur chaque seconde de sa vie, profiter de ce qui lui était donné. Il décida de revendre son billet de train et de traverser la Manche en bateau, de prendre le temps de rentrer.

La traversée commença sans problème. Il s'installa à l'extérieur sur le pont supérieur pour voir la mer et se rapprocher du ciel. Il ne put s'empêcher de prendre la boîte de jeu, de jouer avec les mécanismes d'ouverture et de sortir les cartes. Il médita sur chacune des cartes maîtresses, oubliant tout autour de lui. Il ne s'était pas rendu compte que le temps avait changé, que la mer avait grossi et que le vent s'était levé. Des cris d'angoisse venant du pont inférieur le sortirent de sa rêverie. Le bateau tanguait de manière impressionnante. Le temps qu'il réalise l'intensité de la tempête, le vent souleva le plateau et les cartes. Il se précipita pour essayer de les rattraper et la boîte lui échappa des mains, roula sur le pont et tomba à la mer. Son jeu si précieux s'était envolé. Il resta, là, atterré. Il avait perdu le jeu, le support de tout ce qu'il avait appris ces dix derniers jours. Il pensa à Maître Liu mais ne put imaginer de regard réprobateur chez son Maître. Cette prise de conscience le rasséréna. La pluie se faisait plus drue. Il descendit se mettre à l'abri. Il s'assit dans un coin comme il l'avait appris et entreprit de faire le vide en lui. Il reprit son calme peu à peu. Une idée s'imposa clairement à lui. La boîte de jeu n'était pas une fin mais le moyen. Sa perte avait un sens. Poussant plus loin la réflexion, il se dit qu'il n'avait plus besoin de ce support matériel, que l'enseignement qu'il avait reçu était en lui. Bien sûr il regrettait l'objet en lui-même qu'il aurait aimé montrer mais ce n'était pas l'essentiel. Il en était sûr. La tempête lui avait donné sa dernière leçon.

Les retrouvailles avec sa famille furent gaies. Il était intarissable et raconta par le menu le récit de toutes ses aventures. Il se dit que dans la vie, quel que soit l'objectif que l'on puisse se fixer, ce n'est pas toujours ce que l'on prévoit qui se passe réellement. Il était parti pour approfondir ses connaissances linguistiques, et il était revenu apprenti philosophe.

Il venait de passer une très longue et fatiguante journée depuis son départ le matin, des côtes anglaises. Il ne mit pas longtemps à s'endormir. Il avait conscience de ne plus être tout à fait le même. Il avait la sensation d'avoir parfaitement compris ce que lui avait enseigné Maître Liu. Il commençait véritablement à avoir des réponses quant au sens de sa propre vie. Il avait conscience que la partie allait être longue, que ce ne serait pas toujours facile. Mais il savait que les épreuves qu'il serait amené à affronter n'étaient pas le fait du hasard, et qu'il ne serait pas pris au dépourvu.

Il s'endormit rapidement. Au milieu de la nuit, il se réveilla en sursaut, pris par une angoisse subite. Il avait parfaitement saisi l'image que lui avait donnée son maître quant à la réalité existentielle de sa propre vie : les deux falaises, le câble, son balancier, son fil invisible, les perches tendues, le précipice. Ce jeu était devenu familier pour lui. Mais dans son rêve, il avait pris du recul. Il avait élargi son champ de vision. Il s'était départi de son ego. Il voyait toujours les deux falaises, mais entre elles, au milieu d'infinis méandres, il y avait des milliards de câbles, avec autant d'individus, de perches, de balanciers.... Il se rendit compte que tout cela formait un tout indissociable. Chaque individu représentait une cellule d'un corps immense et ne pouvait vivre indépendamment des autres cellules. Cette profonde interaction entre les différents êtres animés et inanimés lui donna le vertige.

En prenant encore plus de recul, il vit que les deux falaises se rejoignaient à l'autre extrémité très loin derrière. Le tout formait une nouvelle entité, un nouveau corps, un assemblage où tout est, ou rien ne se perd et rien ne se crée. Etait-ce un autre jeu?

Une question le taraudait : à quoi donc sert ce grand tout ?......

BIBLIOGRAPHIE

Les maximes des têtes de chapitre sont tirées :

- Le soutra du coeur illustré - Tsai Chih Chung-BDlys Editions

- Le message de Lao Tseu - Tsai Chih Chung-BDlys Editions

- Soyons Zen - Tsai Chih Chung-BDlys Editions

- Le message de confucius - Tsai Chih Chung-BDlys Editions

TABLE DES MATIERES

CONTACT AVEC L'AUTEUR

L'auteur se tient à votre disposition pour toutes demandes d'approfondissement. Si vous lui renvoyez vos coordonnées, il vous informera de ses nouvelles parutions et de son passage dans votre région à l'occasion de ses tournées de stages et de conférences :

Jean PELISSIER
182, Bd Du redon
13009 MARSEILLE
pelissier.j@wanadoo.fr

Du même auteur :

- **Secrets de centenaires** (livre 300p) : principes de médecine traditionnelle chinoise pour une longue et heureuse vie.

- **Zhong Liu** ou Prévention des cancers en M.T.C. (livre 300p)

- **Les Sept Qi Gong du Prof. Leung Kok Yuen** (Vidéo 2 h)

- **La diététique du juste milieu** (CD audio 1 h)

- **Thés chinois, élixir de longue vie** (CD audio 1 h)

Cet ouvrage a été composé par
Jean PELISSIER, auto-édité
et imprimé sur les presses de Coloriage